내가 천국 열쇠를 네게 주리니
네가 땅에서 무엇이든지 매면
하늘에서도 매일 것이요
네가 땅에서 무엇이든지 풀면
하늘에서도 풀리리라

마태복음 16장 19절

기도와 순종 그리고 100% 믿음의 성령 행전
천국 열쇠

지은이 | 김은주
초판 발행 | 2012년 8월 30일
4쇄 발행 | 2019년 4월 18일
등록번호 | 제3-203호
등록된 곳 | 서울특별시 용산구 서빙고로 65길 38 두란노빌딩
발행처 | 사단법인 두란노서원
영업부 | 2078-3333 FAX 080-749-3705
출판부 | 2078-3477

책 값은 뒤표지에 있습니다.
ISBN 978-89-531-1802-7 03230

편집부에서 독자의 의견을 기다립니다.
tpress@duranno.com   http://www.Duranno.com

두란노서원은 바울 사도가 3차 전도여행 때 에베소에서 성령 받은 제자들을 따로 세워 하나님의 말씀으로 양육하던 장소입니다. 사도행전 19장 8-20절의 정신에 따라 첫째 목회자를 돕는 사역과 평신도를 훈련시키는 사역, 둘째 세계선교(TIM)와 문서선교(단행본·잡지) 사역, 셋째 예수문화 및 경배와 찬양 사역, 그리고 가정·상담 사역 등을 감당하고 있습니다. 1980년 12월 22일에 창립된 두란노서원은 주님 오실 때까지 이 사역들을 계속할 것입니다.

기도와 순종
그리고 100% 믿음의 성령 행전

KEYS OF THE KINGDOM OF HEAVEN

김은주 지음

두란노

차 례

프롤로그 8
추천의 글 12

천국 열쇠의 비밀 1 **부르심에 귀를 기울이라**

내가 너에게
지명한 곳으로 가라

- 내가 너를 그곳으로 불렀다 24
- 이제는 나의 나라 필리핀 28
- 독하고도 센 달동네 훈련 34
- 바토바토 마을 47
- 두 번의 장례식 57
- 꼬마 선교사 샬람 66

천국 열쇠의 비밀 2 **사랑이 가장 먼저다**

필리핀을
네 몸처럼 사랑하느냐?

- 하나님의 도구 필리핀 디아스포라 80
- 너희를 애타게 기다리는 영혼에게로 빨리 가라 85
- 헐몬산 기도원에서의 40일 금식기도 94
- 권총 강도가 들다 107

천국 열쇠의 비밀 3 **믿음으로 시작하라**

믿음으로 가는 길엔
두려움이 없다

●

오직 믿음 하나로 시작된 건축 114
하나님의 특별 보너스 123
천사의 손 127

천국 열쇠의 비밀 4 **불가능할 때도 100% 순종하라**

절대 못 하는 그것을
순종하라

●

하나님을 기쁘시게 할 수 있는 일 138
하나님! 절대 이것만은… 145
가족과 생이별을 하다 150
홀로서기 155
두 번째 반항 166
내게 꿈을 준 소녀여! 174
회개하라! 천국이 가까웠느니라 180

천국 열쇠의 비밀 5 **벽이 두꺼울수록 금식으로 돌파하라**

부흥을 가로막는
벽을 돌파하라

●

고난의 21일 금식기도와 내가 본 천국 192
눈물의 성전 헌당예배 200
너희의 고통이 변하여 큰 기쁨이 되리라 206
불의와 타협하지 말라! 217

천국 열쇠의 비밀 6 **열릴 때까지 기도하라**

구하라!
천국 창고를 열어 주리라

●

사탄교 아볼라리오와의 대결 226
천국에 가면 자랑하고 싶은 사람 233
딸아, 너의 수고를 기억한다 240
눈물의 100일 아침 금식기도와 여리고행진 252

천국 열쇠의 비밀 7 **감사로 천국 열쇠를 취하라**

천국 열쇠를
취하고 전파하라

•

가슴으로 낳은 아들 사무엘 258
하나님이 붙여 주신 사람들 268
고난 중에 하나님께 드리는 감사 275
부흥을 위해 준비하는 삶 281
복음화를 위해 연합하라, 마닐라국제선교대회 287
천국 열쇠의 비밀 296

에필로그 302

프롤로그

내게 역사하신
하나님의 은혜

어제는 폭우가 쏟아지는 중에도 심방을 갔다가 도로가 물에 잠기는 바람에 꼼짝없이 갇혀 지내야 했습니다. 이런 일이 어찌 하루 이틀뿐이고, 어찌 나 혼자 경험하는 일이겠습니까? 1년 중 태풍이 가장 빈번하게 일어나는 7~9월에는 도로가 침수되어 도시 한복판에 배가 떠다니는 일이 비일비재해서 새삼 새롭지도 않습니다. 태풍의 계절인 우기와 대지를 바짝 태워 목이 마른 건기가 교차되는 세월을 쉴 새 없이 달려오다 보니 그 사이 20년의 세월이 훌쩍 지나 버렸습니다.

한창 귀염둥이로 사랑을 독차지하던 네 살배기 딸 샬람이의 손을 잡고 필리핀에 온 것이 엊그제 같은데, 샬람이는 어느덧 어엿한 25세의 숙녀가 되어 이제 나의 성숙한 동역자로서 든든한 버팀목이 되고 있습니다.

먼저 소중한 간증들을 엮어서 한 권의 책으로 하나님께 올려 드리게 됨을 감사합니다.

초대 교회 선교의 중추적 역할을 담당했던 디아스포라 선교가 21세기에 들어서면서 다시 주목을 받고 있습니다. 디아스포라 선교는 종합적이며 또한 전 지구적이라고 말할 수 있습니다. 이는 흩어진 사람들을 통해 각

나라와 민족, 모든 방언들에게 복음을 증거할 수 있는 네트워크가 형성되어 복음화를 앞당길 수 있기 때문입니다. 현재 우리 민족은 700만 명의 디아스포라가 175개국에 흩어져 살고 있습니다. 이것은 150년이라는 비교적 짧은 역사 가운데 이루어진 것입니다. 선교의 꽃으로 떠오르고 있는 한국의 디아스포라 선교의 희망과 비전을 바라보며 저는 하나님께 더욱 감사를 드립니다.

저희 가정은 자비량으로 20년 동안 우여곡절을 겪으며 선교 활동을 해 왔습니다. 지난 사역 중에서 가장 가슴 아픈 사건은 가난한 지역의 4~8세 어린이들을 납치하여 신장만 꺼내고 죽은 시체를 길거리에 버려둔 채 도망간 사건입니다. 이는 2011년 10월부터 12월까지 계속되었고, 지금도 가끔 일어나는 일입니다. 어느 주일 미국 선교사님이 시무하는 교회의 아이들 역시 납치되어 시신만 발견됐다는 소식도 들었습니다. 너무나 가슴 아프고 기가 막혀서 7일을 금식하며 우리 교회 어린이들을 보호해 달라고 눈물로 기도했습니다. 이 아이들이 필리핀의 미래를 바꿀 수 있는 소망이기 때문입니다.

20년 동안의 선교 사역을 이 한 권의 책에 다 담을 수는 없습니다. 하지만 중요한 것은 내가 무슨 일을 어떻게 했느냐가 아니라 이 부족한 종을 통해 하나님이 어떻게 역사하셨는지를 아는 것입니다. 그리고 지난 20여 년간 내게 역사하신 하나님의 은혜를 이 책을 읽는 독자들이 사모하는 것입니다.

하나님은 천국 열쇠의 비밀을 알려 주셨습니다. 선교지에서 땅에서 매면 하늘에서도 매이고, 땅에서 풀면 하늘에서도 풀리는 놀라운 역사를 체험하며 살았습니다. 이 한 권의 책을 통해 독자들이 천국 열쇠의 비밀을 깨달아 날마다 기적과 같은 삶을 살기 원합니다. 또한 생생한 선교지의 소식을 읽으며 같이 기도해 주셨으면 합니다. 현장의 사진을 보면 열대 나라 필리핀이 멀지 않게 느껴질 것입니다.

끝으로 이 책이 나오기까지 기도와 격려를 아끼지 않은 남편 김종필 목사와 사랑하는 딸 샬롬, 귀여운 아들 사무엘과 아이들을 잘 돌봐준 크리스 전도사에게 감사를 드립니다. 또한 사랑하는 부모님, 수술받는 내내 제 곁을 지켜 준 언니와 형제자매들, 그리스에서 필리핀으로 오셔서 식이요법을 통해 나의 건강을 챙겨 주시는 이복선 권사님과 그의 가족 최광익, 정해란 집사님께 감사를 드립니다. 그리고 타이프를 쳐 주신 성석호, 전성은 집사님께도 감사를 드립니다. 무엇보다 사랑하는 우리 한알의밀알교회의 모든 성도와 함께 기쁨을 나누고 싶습니다. 늘 감사드리며 평안하소서!

2012년

김은주 선교사

추천의 글

목자의 마음을 가진
사역자

어느 한 사람을 멀리서 보는 것보다 가까이서 보고 알게 될 때 더 좋게 여겨지는 경우는 참 드문 일이라고 생각합니다. 김은주 선교사님과 그의 남편 되시는 김종필 목사님은 저에게 바로 그런 분들입니다.

두 분을 통해 하나님께서 이루시고 있는 사역은 한마디로 '놀라운 성령님의 일' 그 자체입니다. 사람의 힘이나 전략이나 네트워킹 능력으로는 결단코 해낼 수 없는 일들입니다.

그런데 저에게 더 큰 감동으로 다가오는 것은 바로 가까운 자리에서 목격하게 된 두 분의 성품이며 마음입니다. 하나님의 은혜가 낮고 겸손한 자들을 통해 흐른다는 사실을 저는 이 두 분을 통해 확인하게 됩니다. 또한 '목사'는 많지만 '목자'가 없는 오늘의 안타까운 현실에서 예수님을 닮은 두 분의 모습이 얼마나 신선하게 다가오는지 모릅니다.

그렇게도 열악한 마닐라의 빈민촌에서 오늘날 이렇게도 놀라운 부흥과 변화를 이룰 수 있었던 것은 오직 목자의 마음에서 비롯된 사역의 힘이라고 믿습니다.

김은주 선교사님의 20년 사역을 담은 이 책은 독자 여러분에게 분명히 은혜가 될 것입니다. 그리고 믿음으로 사는 것이 무엇인지를 '보고 배우는' 시간이 될 것입니다.

저는 이 책을 읽으며 심령이 씻기는 것을 느꼈습니다. 나도 저렇게 순수한 믿음과 순종으로만 사역하고 싶다는 거룩한 욕구를 갖게 되었습니다. 매 순간 하나님의 살아 계심을 체험하면서 살고 싶은 열망을 품게 되었습니다.

전에도 그렇게 생각했지만 저는 김 선교사님이 목회하는 필리핀 한알의밀알교회 성도들은 정말 행복하겠다는 생각을 했습니다. 그들은 정말 귀한 목회자를 자신의 목자로 두었기 때문입니다.

이제는 이 책을 통해 한알의밀알교회 성도들이 그토록 온 맘을 다해 존경하고 따르는 목자를 독자 여러분도 만날 수 있게 되어 참 기쁩니다. 그 만남을 통해 여러분의 삶과 신앙이 더욱 풍부해질 것이라 믿기 때문입니다.

김승욱 할렐루야교회 담임목사

매일 생명을 거는 삶

김은주 선교사님을 보면 예수님의 잔 다르크라는 생각이 듭니다.

어릴 적부터 주님의 음성을 듣고 순종하는 삶이 일상이 되었기에 많은 고난의 벽을 멋지게 뚫고, 더 큰 장벽을 향해 돌진합니다. 자신을 위해서 무언가를 원하고 바라는 일은 이미 선교사님의 삶에서는 사라진 지 오래입니다. 그랬기에 선교사님이 이룩한 모든 것이 가능했음을 이 책을 통해 배웁니다.

2년 전 필리핀에서 선교사님을 뵈었을 때, 저렇게 예쁘고 가냘픈 여인의 어디에서 그토록 무한한 힘과 능력이 솟는 걸까, 그저 경이로운 마음으로 바라본 적이 있습니다.

기도, 또 기도. 순종, 또 순종….

조그마한 일에도 쓰러지는 저에게 그녀의 삶은 감히 따라갈 수는 없지만, 생각만 해도 도전이 됩니다.

이 책을 읽으며 자꾸만 흐르는 눈물을 주체하기 힘들었습니다.

이렇게까지 예수님을 사랑할 수 있구나!

이렇게까지 한 영혼을 섬길 수 있구나!

삶이 힘들다고 여겨지는 분이 있다면 이 책에서 위로를 얻게 될 것입니다. 주님께 다가가기가 어렵다고 느껴지는 분이 있다면 이 책을 펼치십시오. 오직 주님과 동행한 한 여인의 헌신적인 삶을 통해 이루시는 주님의 기적을 함께 나누기를 간절히 바랍니다.

문애란 전 웰콤 대표, 현 한국 컴패션 CCO

살아 역사하시는
하나님의 증언자

할렐루야! 살아 계신 하나님의 이름을 증거하시는 김종필, 김은주 선교사님 부부에게 축하를 드립니다. 사역에 바쁘고 기도에 많은 시간을 드리시는데 또 틈을 내어 귀한 책을 출판하시니 정말 존경스럽고 축하합니다. 저는 늘 한알의밀알교회를 드나들면서 하나님의 임재를 모두가 경험한 사무엘의 고향 라마 나욧처럼 한알의밀알교회 선교 현장이 정말 주님의 위대하심을 드러내길 기도해 왔습니다.

이제 때가 되어 김은주 선교사님께서 이전의 책들과 차원이 다른 하나님의 살아 일하심의 증언을 출판하시니 정말 감사합니다. 김 선교사님이 쓰신 여러 책들이 저의 책장에 있으나 대부분이 주보 자료, 어린이 사역 등이었는데 이번에는 선교지에서 경험한 간증이라 같은 이웃 선교사로서 더욱 기쁩니다. 선교지에서 동행하고 임재하시는 하나님의 마음과 손길을 증언하는 귀한 책의 출판을 거듭 축하드리며 선교 현장에서 또는 한국 교회 공동체 속에서 더욱 주님의 위대하심이 드러나기를 기원합니다. 여호와 이레! 에벤에셀!

이교성 선교사, 예장통합세계선교사회장, 주비한선협 전 회장

약한 자를
강한 자로

하나님께서 인간을 창조할 때 흙으로 빚으셨습니다. 쉽게 부서지고 잘 깨지는 흙으로 만들었기에 인간은 나약하고 약한 존재입니다. 그런 까닭에 인간은 어려운 문제에 부딪치거나 해결할 수 없는 문제가 생기면 자포자기하고 우왕좌왕하며 불안과 초조함으로 하루하루를 지내게 됩니다.

그러나 신앙인은 두려워하지 않고 담대하게 전진해 나갑니다. 왜냐하면 만군의 여호와 하나님이 함께하셔서 죽은 영혼을 살리시며 약한 것을 강하게 하시고 부족한 것을 온전하게 하시기 때문입니다.

바울은 고린도후서 4장 7절에서 "우리가 이 보배를 질그릇에 가졌으니 이는 심히 큰 능력은 하나님께 있고 우리에게 있지 아니함을 알게 하려 함이라"고 했습니다. 때문에 우리는 날마다 함께하시며 도우시는 하나님의 큰 능력을 경험하고 위대한 하나님을 찬양하게 됩니다.

김은주 목사님의 책을 통해 선교 사역 20년의 발자취를 보면서 우리는 비록 약한 존재이지만 하나님의 능력을 힘입어 위대한 하나님의 역사를 이룰 수 있음을 다시금 깨닫습니다.

전적인 하나님의 도움으로 그리고 목사님과 성도들의 금식과 기도로 성전은 물론 2,000명을 수용할 수 있는 체육관을 건축하고, 국제선교대학원을 건립하는 등 괄목할 만한 업적을 세우신 목사님의 사역을 치하하며 우리 교단의 자랑으로 생각합니다.

목회자가 영혼을 사랑하고 복음을 전하는 일은 당연하지만 외국인을 향한 사랑과 열정을 가지기는 쉽지 않습니다. 더구나 예수님의 심정으로 피를 토하는 금식을 하면서까지 이방 나라와 백성을 사랑하기는 더 어렵다고 생각합니다. 이것은 하나님의 사랑이 강권하지 않으면 불가능한 일입니다. 필리핀과 필리핀의 백성을 예수님의 심정으로 사랑하도록 목사님의 마음을 감동시키고 역사하시는 하나님의 은혜에 감사할 따름입니다.

선교사의 삶은 가난과 시련 그리고 복음에 대한 갈등이 끊임없이 도전하는 삶입니다. 김은주 목사님 역시 때로 지치고 우울하며 낙심과 좌절을 느낄 때가 있었을 것입니다. 그러나 김 목사님은 작은 일에 감동하고 감사할 줄 아는 사람입니다. 그래서 때마다 찾아오는 위기를 담대하게 극복할 수 있었습니다. 저는 김 목사님을 행복한 선교사요, 선교지의 수많은 영혼들의 믿음의 어머니라고 생각합니다. 저는 오랜 사역 가운데 피로하고 지쳐 있는 목회자와 선교사들 그리고 주님의 뜻을 찾고 있는 많은 신앙인들에게 기꺼이 이 책을 추천하는 바입니다.

이영훈 여의도순복음교회 담임목사

이 시대에 쓰시려고 택한
주의 종

할렐루야! 하나님이 기뻐하시는 여종 김은주 선교사님의 책이 세상에 나오게 되었음을 축하드리며 무엇보다 하나님께 감사드립니다.

이 책을 읽으며 저는 하나님의 역사하심에 다시 한 번 흐느껴 울었습니다. 주의 여종이며 김종필 목사님의 아내이신 김은주 목사님!

김은주 목사님과 그의 남편 김종필 목사님은 하나님께서 이 시대에 쓰시려고 택하신 주의 종임에 틀림없습니다. 두 분이 무릎을 꿇고 금식과 기도로 필리핀에 교회와 학교, 기도원을 세워 갈 때 하나님은 불모지였던 필리핀을 하나님 나라의 땅으로 변화시키셨습니다. 하나님의 위대하심을 찬양합니다.

이 책이 많이 읽힘으로 선교의 도전과 전도의 열매가 풍성하게 맺어졌으면 좋겠습니다. 주님의 축복이 임하시기를!

이형자 (재)기독교선교횃불재단 이사장

생명의 능력을 전하는
'선교 대사'

김은주 목사님은 남다른 사람입니다. 하나님을 향한 열정과 사랑이 남다르고 필리핀에 대한 열정과 사랑이 남다릅니다. 바쁘고 막중한 사역을 감당하면서도 글을 쓰고 설교하고 한 가정의 어머니로서도 충실한 정말 남다른 분입니다. 이 책은 목사님의 남다른 열정과 삶의 산물입니다.

저는 이 책을 읽으면서 "나를 믿는 자는 내가 하는 일을 그도 할 것이요 또한 그보다 큰 일도 하리니"요 14:12라고 하신 예수님의 말씀이 성취됨을 보았습니다. 선교사 한 가정의 헌신으로도 그 일을 이룰 수 있음을 알았습니다.

예수님의 제자들이 우리는 왜 귀신을 쫓지 못하며 기적을 일으킬 수 없느냐고 물었을 때 예수님은 "기도 외에 다른 것으로는 이런 종류가 나갈 수 없느니라"막 9:29고 말씀하셨습니다. 김은주 목사님과 그의 남편 김종필 목사님은 기도와 금식으로도 남다른 분들입니다. 기도와 금식으로 사역을 감당한 김은주 목사님의 기록을 보면서 '하나님의 말씀대로'임을 깨닫습니다.

저는 또한 이 책을 읽으면서 하나님은 당신을 사랑하는 사람에게 역사하시는 분임을 봅니다. '이제 정말 끝났구나' 싶을 때 하나님은 생각지 못한 방법으로 문제를 해결하셨습니다.

기독교는 피와 땀과 눈물로 이루어진다는데 이 책을 읽는 사람마다 기독교의 본질을 이해하고 새로운 도전과 사역에 대한 열정 그리고 하나님에 대한 믿음이 견고해지리라 확신합니다. 사역 속에서 일하시는 하나님의 손길을 담은 이 책을 자랑스럽게 생각하며 목사님에게 다시 한 번 축하와 격려를 보냅니다.

세계를 품고 영혼을 사랑하는 모두에게 새로운 도전과 활력을 공급하는 책이라 생각하며 추천합니다.

조승렬 목사, 기독교대한하나님의성회 세계 선교국장

그들이 믿지 아니하는 이를 어찌 부르리요
듣지도 못한 이를 어찌 믿으리요
전파하는 자가 없이 어찌 들으리요
보내심을 받지 아니하였으면 어찌 전파하리요
기록된 바 아름답도다
좋은 소식을 전하는 자들의 발이여

로마서 10장 14-15절

천국 열쇠의 비밀 1
부르심에 귀를 기울이라

내가 너에게 지명한 곳으로 가라

내가 너를
그곳으로 불렀다

남편이 필리핀으로 떠나기 전에 찍은 가족 사진

"사람이 마음으로 자기의 길을 계획할지라도 그의 걸음을 인도하시는 이는 여호와시니라" 잠 16:9

한국에서의 사역들을 하나하나 정리하기 시작했다. 서울예술신학대학에서 듣던 문학과 희곡 강의도 이번 주로 그만두었다. 한국어린이교육선교회 강의 역시 서둘러 마쳤다. 짧은 시간에 많은 일들이 바쁘게 돌아가고 있었다.

한국을 떠나기 전날, 교회교육선교회 대표 김홍영 목사님 내외분과 저녁 식사를 함께했다.

"아니, 뭔가 잘못된 결정을 하신 것 같습니다. 김종필 목사님께서는 하나님의 부르심이 있었다지만 김은주 전도사님은 한국에서 해야 할 일들이 있지 않습니까? 이곳에서 더 많은 교사와 청소년들을 깨우는 사역을 하셔야지요!"

김홍영 목사님의 말씀처럼 나는 그때 한창 사역에 몰두하고 있었다. 내가 쓴《기독교 연극 개론》이 기독교 분야에서 처음으로 출간되어 내가 강의하는 신학교 교재로 채택되기도 했다. 낮에는 여러 집회와 강의로 시간을 내지 못해 밤마다 코피를 쏟아 가며 집필한 책이었다. 이제 네 살 된 샬람이를 유아원에 맡기고 신학교 강의와 인형극, 교사 설교법 지도 및 청소년 영성 간증 집회, 교사 강습회 등으로 전국 각지를 다니던 때였다.

그렇게 바쁘게 지내던 1992년 6월 초 새벽 큐티 때 주님께서 말씀하셨다.

"딸아! 모든 것을 정리하고 서둘러 필리핀으로 가라! 내가 너를 그곳으로 지명하여 불렀나니 속히 가거라!"

어려서부터 나는 하나님께서 말씀하시면 100% 순종하는 훈련을 받았다. 4대째 독실한 믿음의 가문을 이어받은 나는 바른 신앙 교육을 받고 성장했다. 초등학교 3학년 겨울방학이었을 것이다. 부모님이 새벽예배를 가셨을 때니까 아마도 새벽 4~5시쯤에 잠자는 나의 귓전에 내 이름을 부르는 음성이 들렸다.

"은주야! 은주야! 은주야!"

엄한 아버지 같은 목소리였다. 어린 마음에 너무 무서워서 옆에 누워 있는 언니를 흔들어 깨웠으나 깊이 잠이 든 언니는 꼼짝도 하지 않았다.

"은주야! 은주야! 은주야!"

나는 귀신인가, 유령인가 무서워서 이불을 푹 뒤집어썼다. 잠시 후 부들부들 떨리는 손으로 이불을 걷고 주변을 살폈다. 그러자 또다시 정확히 세 번 내 이름을 부르는 음성이 들렸다.

"은주야! 은주야! 은주야!"

세 번째 똑같은 음성을 들었을 때, 사무엘에게 말씀하신 하나님이 생각나, 나는 소년 사무엘처럼 무릎을 꿇고 두 손을 모아 기도드렸다.

"하나님! 말씀하세요. 은주가 여기 있어요!"

그날 나는 주님의 음성을 들었다. 그날부터 나는 매일 세 번씩 다니엘처럼 기도드렸고 구약부터 성경을 읽어 내려갔으며 주님은 내게 말씀을 주셨다. 어떤 말씀은 이해되지 않았지만 무조건 믿고 순종하였고, 성장할수록 하나님의 말씀이면 100% 복종하는 주님의 딸이 되었다.

그랬기에 필리핀으로 가라시는 주님의 음성을 듣고 나는 무조건 순종했다. 한국에서 할 일도 많고 이해할 수도 없었지만 무조건 순종했다. 단 한 명의 후원자도, 후원 교회도 없는 상황에서 나마저 필리핀에 간다면 누가 남편의 사역을 후원할 것인가, 샬람이의 교육은 어떻게 할 것인가, 모든 현실적인 고민도 뒤로했다.

1992년 1월 31일 남편은 나와 어린 딸 샬람이를 남겨 놓고 혈혈단신 필리핀으로 선교를 떠났다. 그날은 진눈깨비가 내렸고 바람도 강해서 으스스 추웠다. 누구 하나 반겨 주지 않는 필리핀을 향해 비행기에 오르면서 남편은 얼마나 막막했을까? 그의 손에는 단돈 400달러와 하나님의 명령밖에 없었다. 언제 돌아오겠다는 기약도 없는 먼 길을 홀로 떠난 것이다.

지금 내 손에도 남편과 마찬가지로 7월 1일자 비행기표와 조금의 생활비가 있을 뿐이다. 마치 아브라함처럼 친척과 아버지의 집을 떠나 하나님이 보여 줄 땅으로 떠나는 것이다.

> "여호와께서 아브람에게 이르시되 너는 너의 고향과 친척과 아버지의 집을 떠나 내가 네게 보여 줄 땅으로 가라 내가 너로 큰 민족을 이루고 네게 복을 주어 네 이름을 창대하게 하리니 너는 복이 될지라" 창 12:1-2

이제는 나의 나라
필리핀

주님이 주신 땅 필리핀.
두렵고 떨리지만 담대하게 나아간다.

 살람이의 손을 잡고 필리핀 마닐라의 아퀴노 공항에 도착했다. 그곳 시간으로 오후 1시쯤이었다. 이민국을 통과하고 짐을 찾으려고 기다렸다. 혹시나 해서 가방 손잡이에 빨간색 리본을 묶어 놓았다. 그런데 다른 사람들은 가방을 찾아 뿔뿔이 흩어지는데 한참을 기다려도 우리 가방은 보이지 않았다.

 '가끔 짐이 바뀔 수도 있다던데 혹시 다른 나라에 실수로 간 것은 아닐까?'

에어컨을 틀었다지만 필리핀의 후끈하고 더운 열기가 느껴졌다. 그때 샬람이가 소리쳤다.

"엄마! 빨리빨리! 저기 빨간 리본!"

그제야 우리 가방 2개가 연달아 나오고 있었다. 가방을 찾아서 서둘러 줄을 서서 나가려는데 이민국 가방 검사대에서 필리핀 이민국 직원과 50대 후반쯤으로 보이는 한국 남자가 큰 소리로 싸우고 있었다. 지금은 공항 사정이 좋아졌지만, 당시는 공항 담당자들이 가방을 열어 라면 박스 등을 큰 칼로 뜯는가 하면 세금을 터무니없이 요구하곤 했다. 그날 내가 지금처럼 타갈로그어를 조금이라도 구사할 수 있었다면 그분에게 도움을 드렸을 것이다. 그러나 그때 나는 영어조차 더듬거렸고 우리 가방 역시 문제가 생겼다. 가방을 열자마자, 친정어머니가 정성껏 싸 주신 김치 봉지가 풍선처럼 부풀어올라 뺑 하고 터졌고, 고추장 병은 깨져서 가방 안의 옷들이 온통 빨갰다. 이민국 직원의 표정을 보니 아까보다 훨씬 심각했다. 그 자리에서 하나님께 SOS 기도를 드렸다. "주님! 도와주세요! 아까 그분은 벌금으로 100달러를 내던데 저는 그럴 돈이 없어요!"

"This is Kimchi and My Mother…."

짧은 영어 실력으로 손짓 발짓으로 설명하는데, 이민국 담당자는 코를 막으며 내게 영어가 아닌 타갈로그어로 말했다. 엉터리 해석일지는 모르겠지만 "어서 빨리 가방 잠그고 나가세요" 하는 것 같았다. 나는 고개를 숙여 이렇게 말했다.

"Thank you so much!"

어쨌든 나는 김치 냄새 덕분에 벌금 한 푼 내지 않고 공항을 무사히 빠져나왔다. 그날 이후 나는 필리핀에 갈 때 김치나 고추장은 가져가지 않는다.

밖으로 나오자 새우젓 같은 시큼한 냄새가 훅 끼쳐 왔고 피부에 후끈후끈한 열대 기후의 열기가 달라붙었다. 그사이 콧수염을 기른 남편이 우리를 향해 손을 흔들며 반갑게 뛰어왔다. 샬람이는 껑충껑충 뛰며 아빠 품에 안겨서 함박 웃었다.

공항에서 숙소까지는 공항 택시로 2시간 정도 달려서야 도착했다. 사역지였던 팜팡가 Pampanga Province에서 마닐라 Manila: 필리핀의 수도로 올라온 남편은 임시로 친구 집에서 방 한 칸을 빌려 살고 있었다.

다음날부터 남편은 우리를 데리고 다니며 현지 적응을 위한 여러 가지 지식과 필리핀의 역사를 알려 주었고, 나와 샬람이는 메모까지 하며 진지하게 공부했다.

필리핀은 잘 알다시피 11개의 주요 섬과 7,107개의 크고 작은 섬들로 이루어진 섬나라다. 지리적으로는 중국과 호주의 중간 지점에 위치하고, 북으로는 한국 대만 일본, 남으로는 인도네시아 호주, 서로는 베트남 태국 싱가포르 말레이시아, 동으로는 태평양을 마주보고 있다. 면적은 남한의 3배이며, 11개의 주요 섬이 전체 면적의 96%를 차지한다.

루손, 민다나오, 사마르, 네그로스, 파나이, 레이테, 세부, 보홀, 마스바테, 민도로, 팔라완 등 필리핀의 섬들은 화산에 의해 생성된 화산섬들이며, 대표적인 화산은 남편의 사역지에서 가까웠던 피나투보 화산Mt. Pinatubo Volcano이다. 200년 만에 폭발을 재개한 피나투보 화산은 피나투보 일대를 폐허로 만들 만큼 엄청난 재해를 안겨 주었고, 이로 인해 원주민 아이타Ita 부족은 지금까지 이주 행렬을 잇고 있다. 필리핀에서는 해마다 크고 작은 지진이 일어나고 있는데, 1990년 7월 북부 바기오Baguio에서 발생한 진도 8.4의 지진은 1,000여 명의 사망자를 냈을 뿐 아니라 천문학적인 경제 손실을 입혔다.

필리핀은 열대성 기후로 6개월 동안 더운 날씨가 계속되는 건기12~5월와 6개월 동안 비가 오는 우기6~11월로 나뉜다. 낮 최고 기온은 연평균 35~38°C, 최저 기온은 25~26°C 이다. 태풍 발생 해역에 가까워 해마다 태풍이 30회 가까이 발생하는데 어떤 때는 태풍으로 인해 국가의 기능까지 마비되기도 한다.

필리핀의 인종과 문화는 동서양이 공존하는 다양한 모습을 보이고 있다. 원주민인 네그리토Negrito족의 부족 문화와 333년 동안이나 스

페인의 지배를 받은 탓에 가톨릭과 유럽의 문화가 편만한 가운데 최근에는 미국 문화까지 가세하고 있다. 한편 민다나오 Mindanao 서남부와 술루 Sulu 에는 이슬람 문화가, 그밖의 지역에서는 부족적인 문화와 애니미즘이 융합된 가톨릭 문화가 꽃을 피우고 있다.

성격이 대체로 낙천적이며 음악과 공예, 언어에 뛰어난 재능을 보이는 필리핀의 국민은 55개 이상의 인종과 통상 170개 이상의 언어

필리핀은 자연이 아름답지만 영적으로 척박한 땅이다.

를 사용하는데, 이는 세계에서도 유례를 찾아볼 수 없는 혼혈 사회다. 원주민인 네그리토족과 인도네시아, 말레이시아, 중국계와 미국계, 스페인, 메스티소, 일본, 한국 등이 섞인 혼혈 사회인 것이다.

벌써 필리핀 역사를 꿰뚫고 있는 남편의 오리엔테이션식 필리핀 역사를 들으며 나는 '필리핀 선교'를 위해 하나님께서 우리 가족을 어떻게 인도하실지 무척 궁금했다. 늘 그랬던 것처럼 우리 가족은 무릎을 꿇고 간절히 눈물의 기도를 드렸다.

"사랑하는 종들아! 먼저 필리핀 최대의 섬인 루손Luzon에 있는 수도 마닐라를 중심으로 젊은이들을 훈련시켜 필리핀 전 지역에 선교사로 파송시켜라!"

이것이 처음 필리핀에 도착했을 때 하나님께서 우리에게 주신 명령이었다.

"그러므로 이르시기를 잠자는 자여 깨어서 죽은 자들 가운데서 일어나라 그리스도께서 너에게 비추이시리라 하셨느니라" 엡 5:14

독하고도 센
달동네 훈련

필리핀에서의 첫 명령.
"너희는 먼저 선교사 훈련원을 시작하라."

    1992년 당시 필리핀 경제는 너무나 어려워서 100%가 넘는 인플레이션과 빈곤에 시달렸고, 그 틈을 비집고 향락 산업이 독버섯처럼 번지고 있었다. 필리핀은 인도네시아, 말레이시아, 태국, 호주, 싱가포르, 미얀마 등을 비행기로 3~4시간이면 갈 수 있는 동남아 교통의 요충지로서 동남아 선교의 거점이 되는 곳이다. 그래서 많은 선교기관과 바울선교회, CCC 등 선교사 훈련 센터들이 밀집해 있기도 하다.

    그런데 나는 선교의 거점인 이곳 필리핀에 와서 무력감에 빠져 버렸다. 남편은 신학교 때부터 통역은 물론 번역도 할 만큼 영어 실력이 출중했다. 그에 비하면 나는 영어는 물론이고 필리핀의 복음화를 위해 할 수 있는 것이 아무것도 없었다. 남편 역시 우리가 오기 전에는 배낭 하나 들쳐 메고 화산 폭발 지역인 앙겔레스Angeles에서 이재민 수용소 텐트 등을 돌아다니며 전도하고 말씀을 전파했으나, 가족이 오자 손발이 묶여 버렸다.

우리 가족은 무릎을 꿇고 눈물과 콧물이 범벅이 되어 주님께 울부짖었다. "주님, 이곳 필리핀에서 우리가 과연 어떻게, 무엇을 할 수 있을까요? 주여! 우리의 길을 인도하옵소서!"

그때 주님께서 우리에게 말씀하셨다.

"사랑하는 종들아! 이곳 필리핀은 수많은 인종, 다른 언어, 잦은 쿠데타, 게릴라 활동, 특히 자연재해가 많은 곳이다. 너희는 먼저 선교사를 훈련시키는 '선교사 훈련원'을 시작하라!"

하지만 자비량 선교사인 우리가 무슨 돈으로 선교사 훈련원을 시작한단 말인가? 나는 주님께 물었다.

"주님! 우리는 지금 하루 세 끼도 제대로 못 먹습니다. 차도 없어서 기동성도 없습니다. 더구나 주님이 '사람에게 도움을 청하지 말라'고 하셔서 순종하였습니다. 그런데 어떻게 선교사 훈련원을 할 수 있겠습니까?"

그때 주님께서 빌립보서 4장 6~7절을 묵상하라고 하셨다. 남편은 성경을 펼쳐 읽기 시작했다.

"아무 것도 염려하지 말고 다만 모든 일에 기도와 간구로, 너희 구할 것을 감사함으로 하나님께 아뢰라 그리하면 모든 지각에 뛰어난 하나님의 평강이 그리스도 예수 안에서 너희 마음과 생각을 지키시리라."

나는 기도 응답 노트에 주님의 말씀을 받아서 적었다.
"언어 훈련뿐만 아니라 영성 훈련과 선교사 훈련을 시켜야 한다."
기도를 마친 후 몇 시간이 지났을까? 한국에서 전화가 왔다. 김홍영 목사님이었다.
"전도사님, 요즘 한국에서 대학생들을 비롯해 목사님들이 언어 공부를 하러 필리핀으로 가는데 거기에 언어 훈련원을 세우면 어떨까요? 저희도 어렵지만 이리저리 홍보해서 노력해 보겠습니다."
"목사님! 언어 훈련원 말고 '선교사 훈련원'으로 하면 어떨까요?"
할렐루야! 나는 이렇게 하나님의 완벽하신 응답을 어려서부터 여러 번 체험했다. 그렇게 해서 1992년 7월 7일, 비벌리힐스 선라이즈 21번지에 새로운 숙소를 계약하였고, 다음날 바로 이사하여 선교사 선교사 훈련원.
하나님의 마음을
시원하게 해드리는
선교사가 배출되기를
간절히 기도했다.

훈련을 위한 준비에 들어갔다.

남편은 필리핀 복음화와 세계 선교에 헌신할 선교사를 양성하는 부푼 꿈을 가지고, 현지 언어와 영어 예배, 영성 훈련, 선교사 자질, 문화 등의 프로그램을 짰고, 필리핀 최대 일간지인 〈마닐라 불러틴〉 Manila Bulletin에 광고를 내 유능한 영어 교사를 구했다. 초기에는 영어를 중심으로 하지만 나중에는 타갈로그어, 중국어, 일어 등 제2, 제3의 언어를 습득하도록 준비하였고, 선교지 방문 및 전도 집회, 교회 개척 사역 등을 기도로 계획했다.

드디어 한국에서 온 두 분의 선교사 지망생 목사님과 일반 대학생

네 명, 신학대학원생 두 명을 대상으로 첫 수업이 시작되었다. 나는 남편의 사역을 돕기 위해 매일 식사를 준비했다. 차량이 없어서 트라이시클 Tricycle: 오토바이차과 지프니 Jeepney: 매연을 마실 수밖에 없는 지프 형식의 교통 수단를 몇 번씩 갈아타고 시장을 보았고, 필리핀인 가사 도우미인 로스 Rose 자매와 훈련원의 자질구레한 일들을 맡아서 했다. 필리핀의 더운 날씨와 고된 일로 고단하긴 했지만 무엇보다 꾸준히 언어 공부를 할 수 없다는 것이 가장 아쉬웠다. 샬람이가 영어 공부를 할 때 틈을 내 들어가서 듣는 것이 전부였다. 그리고 로스 자매를 통해서는 짧게나마 타갈로그어를 배울 수 있었다.

하나님의 명령에 따라 훈련원을 열었으나 재정은 늘 부족했다. 훈련생들이 내는 돈으로는 월세조차 감당하기 어려웠고, 교회교육선교회에서 가끔 보내 주는 선교 헌금으로는 재정의 어려움을 해결할 수 없었다.

계속되는 청소, 일, 빨래 또 식사 준비! 또다시 그 옛날 성남의 달동네에서 교회를 개척하던 어려움이 시작되는 것 같았다. 신학교에서 만난 남편은 나보다 3년 선배였다. 남편과 결혼할 때도 나는 하나님의 음성을 들었고 그것에 순종했다. 마치 리브가처럼 나는 내 평생의 반려자를 만난 것이다.

"내가 너에게 예비한 너의 짝이노라!"

> "리브가를 불러 그에게 이르되 네가 이 사람과 함께 가려느냐 그가 대답하되 가겠나이다" 창 24:58

결혼 전 부모님의 반대가 극심했다. 40년간이나 술을 드신 시아버지, 중풍으로 거동이 불편하신 시어머니, 거기다 결혼해도 마땅한 방 한 칸 마련해 줄 수 없는 가난한 집, 무엇보다 믿음의 뿌리가 없다는 것이 우리 부모님의 반대 이유였다. 당시 부모님은 출석하는 교회의 모 전도사가 3대째 믿음의 집안인데다 재력도 있고 인품도 있으니 그에게 시집가라고 밀어붙였다. 급기야 남편을 만나지 말라는 불호령이 떨어졌고, 이미 사랑에 빠진 나는 죽지 않을 만큼 수면제를 먹어 부모님을 기겁하게 만들었다.

그때 나는 깊은 잠에서 예수님을 만났는데, 예수님은 나를 책망하시며 앞으로 내가 할 일을 하나하나 보여 주셨다. 눈을 떠 보니 내가 낯선 병원에 누워 있었고 위세척을 한 뒤라 통증으로 몹시 괴로웠다. 병원 바닥에 주저앉아 어린아이처럼 우시던 엄마와 침통한 표정의 아버지, 그리고 조용히 눈물을 흘리던 남편의 얼굴이 하나하나 눈에 들어왔다.

그렇게 우리는 울며 겨자 먹기로 백기를 드신 부모님의 축복을 받으며 결혼식을 올렸다. 드레스도 없어서 결혼 당일에 드레스 숍에서

1986년 12월 6일 우여곡절 끝에
우리는 결혼했다!

　마네킹이 입고 있던 드레스를 벗겨서 겨우 입었다. 신혼방이 없어서 부모님이 사 주신 장롱이며 화장대, TV 등은 남편 친구 집 연탄 창고에 쌓아 두었다. 신혼인 우리가 기도원을 전전하며 사니까 보다 못한 엄마가 당신의 반지를 전당포에 맡기고 월세 얻을 방을 구해 주셨다. 임신 중에도 끼니를 제대로 해결하지 못해 임신 6개월에 겨우 39kg이었다. 게다가 입덧까지 심해 여러 번 쓰러졌다. 엄마 말대로 고생 바가지였다. 고생을 모르고 살다가 결혼한 순간부터 나는 '돈이 씨가 말랐다'는 말을 뼈저리게 이해하게 되었다.

　한번은 시장에 갔는데 하도 배가 고파서 주인의 허락도 없이 두부한 모를 다 먹어 버렸다. 주인은 내가 불쌍해 보였는지 돈 달라는 말도 않고 그저 혀만 찼다. 당시 나의 모습이 애처롭고 안타까워서 남편이 내게 써 준 시가 있다.

철쭉 같은 새색시야

이슬을 촉촉이 머금은 새색시야
피어나는 봄날을 애수 띠게 흔드는구나
홍조 띤 네 보조개, 속눈썹보다 깊고 깨끗하여라
겨울의 모진 풍파 이제 따스한 훈김을 몰고와
가녀린 네 몸매로 소리치며 기뻐하고 있구나

이슬을 촉촉이 머금은 새색시야
깊고 깊은 침묵 속에서도 너는 어쩜 그렇게 웃을 수 있니
같이 있을 땐 더욱 붉고 아름답게
홀로 외로이 있을 땐 외로움의 눈물로
네 볼이 상하는구나 너와 대화할 많은 친구들
너만 못하나 너는 그래도 수줍어하는구나

이슬을 촉촉이 머금은 새색시야
메마른 땅과 외로운 새와 같이 속삭이지 않으럼
너의 아름다움으로 마음껏 너의 주인을 위해 노래하지 않으럼
이제 네 모습이 사라져도 나는 너를 끝까지 사랑할 거야
봄날의 너는 항상 내 마음속에 있기 때문이야

1988년 2월 남편과 나는 성남의 달동네에서 밀알교회를 개척했다. 나는 이때부터 밤을 새워 글을 썼다. 교회 월세와 가난한 성도들을 돕기 위해서였다. 하지만 교회가 조금씩 성장하자 시아버지가 다시 술에 손을 대기 시작했다. 알코올중독자였던 시아버지는 하루에 적어도 소주 한 병을 드셔야 했는데, 주일만큼은 남편의 통사정으로 절제하셨다. 그러던 어느 주일에 시아버지가 일을 내셨다. 설교 도중에 만취해서 교회에 들어와서는 술주정을 하신 것이다.

"여러분! 끄~윽. 저거… 저것이 내 아들 종필이여! 야 이놈! 종필아! 내 아들… 끄윽!"

그나마 몇 안 되는 성도들이 시험에 들어 "당신 부모나 먼저 구원시키고 교회를 하든지 말든지!" 하며 교회에 나오지 않았다. 남편은 얼마 전에 20일 금식과 21일 금식을 마쳤지만 다시 40일 금식을 작정하고 기도원에 올라갔다. 하는 수 없이 나는 딸을 등에 업고 남편을 대신해 주일예배, 새벽예배, 수요예배, 금요 성경공부, 주일학교 예배와 심방까지 해야 했다. 지금 생각해도 초인간적인 능력을 발휘한 때였다. 주일마다 칼국수를 큰 솥에 끓여 허기진 성도들의 배를 채우는 것도 나의 몫이었다. 죽을 것처럼 힘들었지만 성도들이 식사하는 모습을 보면 다시 힘을 얻곤 했다.

남편은 기도원에 있고, 집에 쌀이 떨어진 어느 날, 끼니를 굶는 시부모님을 그냥 볼 수 없어서 인천에 계시는 시아주버니께 전화를 걸었다.

"아주버님! 저와 딸은 굶어도 괜찮아요. 그런데 시부모님을 굶길 수는 없잖아요."

그러자 시아주버니가 다짜고짜 이렇게 말했다.

"거기 종필이 있어요? 종필이 같으면 아무리 어려워도 내게 이런 전화를 안 할 텐데."

찰카닥. 그날 이후 나는 아무리 어려워도 누구한테든 손을 벌리지 않았다.

중풍인 시어머니는 사고 작용에 문제가 있어서 갑자기 배고프다며 밥통을 내 머리에 던져서 머리에서 피가 흐르기도 했다.

"주여! 시어머님을 용서하소서!"

그날 밤 시어머니가 꿈을 꾸었는데 하늘에서 불마차가 내려오더니 누군가가 아주 엄한 목소리로 말씀하셨단다.

"네가 왜 내 여종을 핍박하느냐! 불차의 바퀴 둘을 보아라! 나는 남종과 똑같이 나의 여종을 사용할 것이다."

다음날부터 시어머니의 행동이 조금씩 변하기 시작했다.

한번은 철물점을 하는 이미순 자매가 교회로 허겁지겁 뛰어왔다.

"김은주 전도사님! 빨리 좀 오세요! 큰일 났어요."

"아니, 왜요?"

"글쎄 아버님이 술을 드시고 우리 철물점 앞에서…."

차마 말을 잇지 못하는 이 자매의 다음 말은 안 들어도 뻔했다. 샬람이를 등에 업고 급히 따라나섰다. 뺨으로 눈물이 비 오듯이 흘러내렸다.

"주여! 어느 때까지입니까?"

철물점 앞에는 많은 사람들이 구경이나 난 듯이 둘러서 있었다. 시아버지가 한겨울인데도 바지를 벗고… 차마 그 광경을 글로 표현할 수가 없다. 술에 취하면 힘이 세지는지 시아버지를 끌고 고작 800m 떨어진 교회까지 오는데 내 온몸에는 멍투성이었다. 시아버지가 몸부림칠 때마다 여기저기 나자빠졌던 것이다. 구경하고 선 사람들이 혀를 차는 소리가 어디서나 따라왔다.

"주여! 이 길은 골고다의 언덕입니다. 주여! 진정 어느 때까지입니까?"

주님은 내게 말씀하신다.

"딸아! 감사하라! 딸아! 이겨 내라!"

당시 나는 46kg도 안 되는 몸으로 그 모진 시간을 견뎌 내느라 툭하면 쓰러졌다. 그때마다 샬람이는 내 등에 업혀서 "엄마! 죽지 마! 엄마 엉엉…" 하며 울었다.

남편의 금식 31일째 되는 날 나는 안 가시겠다는 시아버지를 억지로 모시고 기도원까지 찾아갔다. 38kg까지 깡마른 당신 아들의 모습을 보고는 시아버지는 목이 메어 흐느끼셨다. 남편은 술주정뱅이 아버지를 위해 한 해 동안 20일, 21일, 40일, 총 81일을 금식한 것이다.

기도원에 다녀오신 그날 밤, 시아버지가 급히 나를 불렀다.

"아가야! 나 좀 살려 다오. 마귀가 나를 지옥으로 데려가려 한다."

황급히 달려가자 시아버지는 자해하듯이 양손으로 당신의 목을 조르고 있었다. 시어머니는 한쪽 구석에서 무서워 덜덜 떨고 계셨다. 나는 시아버지를 붙들고 간절히 기도했다. 그러자 내 영안이 열리며 시아버지의 목에 쇠사슬을 감아서 끌고 가는 마귀가 보였다.

"나사렛 예수의 이름으로 명하노니 이 원수 마귀야 물러가라! 조상 대대로 이어지는 이 술마귀야! 영원히 우리 집안에서 떠나가라! 떠나!"

죽을힘을 다해 울부짖듯이 큰소리를 쳤다. 순간 시아버지가 "아악!" 소리를 지르더니 쓰러지셨다. 잠시 후, 시아버지는 일어나 물을 마시더니 "휴우, 이제 살았다" 하셨다. 그날 시아버지는 40년 이상을 괴롭히던 알코올중독으로부터 완전히 자유함을 얻었다. 지금은 저 천국에 계시지만, 마지막 가시는 그날까지 믿음 좋은 '집사님'으로 사셨다. 시아버지의 영혼 구원을 위해 81일을 금식했고 20년을 넘게 기도한 남편의 끈질긴 기도가 맺은 열매였다.

성남 달동네에서 받은 훈련에 비하면 필리핀에서의 상황은 아무것도 아니었다. 그때 그렇게 힘든 훈련을 견뎌 내지 못했다면 내 입에선 이런 불평이 쏟아져 나왔을 것이다.
"내가 선교하러 온 거야, 밥하러 온 거야!"
그러나 나는 불평의 소리 대신 사도 바울의 고백을 입에 담는다.

"항상 기뻐하라 쉬지 말고 기도하라 범사에 감사하라 이것이
그리스도 예수 안에서 너희를 향하신 하나님의 뜻이니라"

살전 5:16-18

바토바토
마을

우리나라의 1960년대를 연상시키는
바토바토 마을

 나는 늘 고난은 '축복의 지름길'이라고 믿는다. 커다란 환난 뒤에는 주님의 큰 위로가 따른다는 것을 알기 때문이다. 훈련원 사역을 하면서 심신이 지친 내게 주님은 바토바토 Bato Bato 마을이라는 큰 기쁨을 주셨다. 바토바토 마을은 타이타이 Taytay 시에 있는 가난하고 작은 마을이다. 전기와 수도도 들어오지 않고 흙길이어서 비가 오면 무릎까지 빠지며 이, 빈대, 쥐, 도마뱀, 바퀴벌레가 득실거리는 1960년대의 우리나라를 연상시키는 곳이었다. 남자들은 술과 노름에 빠져 지내고 집은 갈대로 대충 얼기설기 이어서 지붕을 얹고 깡통을 펴서 이어 붙인 판잣집이 즐비한 곳이었다. 그런데 나는 바토바토 마을에 가서야 비로소 숨이 제대로 쉬어졌다. 나는 그 이유를 나중에 이곳에 교회를 세우고 여러 사역을 하면서 이해할 수 있었다.

1992년 8월 23일, 선교사 훈련원의 교사 호세피나 Josefina가 소개해서 교회가 없는 바토바토 마을을 찾아갔다. 비를 피해 커다란 망고나무 아래서 찬양과 말씀 증거 그리고 간증과 특송 순서로 이어지는 첫 예배를 드렸다. 어린아이들을 비롯해 제법 많은 사람들이 우리 주위를 둘러쌌다.

"와~아! 내 영혼이 살았노라."

내 영혼이 기뻐서 노래했다. 고향집에 온 기분이라고 해야 할까? 내가 왜 그렇게 기뻐했는지 당시에는 이해하지 못했다. 매주 토요일과 주일이면 오후 3시부터 5시까지 성경공부를 했다. 그러다 선교사 훈련생 다니엘과 피터 형제 등을 중심으로 주일학교도 열었다.

그 해 10월, 6개월 이상 계속된 지루한 장마로 곳곳에서 이재민과 실종자가 속출했다. 게다가 피나투보 화산까지 폭발해 팜팡가, 탈락 Tarlac Province, 잠발레스 Zambales Province, 센트럴 루손 Centural Luzon의 주요 도로가 유실되고 수많은 마을이 라하르 lahar, 화산재와 홍수가 합쳐서 생긴 진흙 물에 잠겼다. 마발라캇 Mabalakat은 대부분의 마을이 화산재에 잠겼는데,

어떤 곳은 약 4.5m까지 화산재가 쌓여 성당의 첨탑만 남은 곳도 있었다. 이때 발생한 이재민만 30~40만에 이르며, 모든 재산과 생활 터전을 잃은 사람들은 정부가 지정한 재정착촌으로 대거 이동해야 했다.

남편은 처음 사역지였던 앙겔레스, 팜팡가 지역의 참담한 소식에 잠을 이루지 못했다. 잦은 화산 폭발, 점증하는 지진의 위험, 홍수와 태풍, 살인, 납치와 강간, 그리고 때로는 반나절에 이르는 정전과 내정 불안 등이 필리핀을 덮쳤다. 바토바토 마을 역시 예외가 아니어서 태풍으로 지붕이 날아가고 집이 물에 잠겨 시청사로 피난 가기도 했다. 나는 남편과 함께 가가호호를 방문하며 주머니를 털어 빵과 커피를 대접하며 그들을 위로했다. 처음에는 외국인이라 달가워하지 않더니 차츰 마음문을 열어 베드로 형제 부부가 내준 집에서 성경공부를 한다니까 10여 명이 참석했다. 그러다 20여 명으로 인원이 늘어나면서 본격적인 주일예배를 계획할 수 있었다.

하지만 여전히 대낮에도 술에 취해 있고 어린이와 노인이 어울려 도박을 하는 마을에서 예배를 드리는 일은 엄두가 나지 않는 일이었다. 게다가 샤머니즘과 혼합된 종교가 뿌리 깊었다. 한번은 예배 때 미르나Mirna 자매에게 대표 기도를 부탁하자, 교우들이 모두 자매의 기도를 따라 했다. 자세히 들어 보니 천주교에서 가르쳐 준 기도문이었다. 그들은 집에 어린 성자 예수와 큰 마리아 인형을 모셔 놓고 거기에 절을 했다. 성모 마리아에게 죄를 고백하면 큰 성모 마리아 인형이 어린 성자 예수께 말하여 응답해 주신다는 잘못된 신앙을 갖고 있었던 것이다.

1992년 11월 22일, 처음으로 그동안 더듬더듬 배운 타갈로그어로 인형극을 보여 주었다. 너무나 즐거워하는 아이들을 보면서 나는 기도했다.

"하나님! 제게 타갈로그어로 방언을 주소서!"

합바이 나망가 쓰레기촌에 사는 리디아 자매가 내 손을 잡으며 흐느끼기 시작했을 때 나는 타갈로그어를 대충이나마 알아듣게 되었다. 리디아의 마음과 똑같은 마음으로 그녀의 말에 귀를 기울였고, 그러자 그녀의 남편이 노름을 하다가 싸워서 여러 군데를 칼에 찔려 병원에 입원했다는 얘기가 귀에 들렸다.

또 한번은 예배에 가끔 나오던 14세 소녀를 심방 갔는데, 맙소사, 어린 소녀가 임신했다는 소식을 전했다. 대체 아버지가 누구냐고 따져 물으니, 소녀는 반항하는 목소리로 소리쳤다.

"씨 헤소스 바? 이까우날랑앙마니왈라 싸깐야!"

해석하면 "예수? 당신이나 믿어! 나는 우리 아빠와 세 명의 오빠들이 돌아가면서 겁탈을 했어! 이 뱃속에 있는 아이는 아버지가 누군지 몰라"였다. 너무나 슬프고 막막했다.

바토바토 마을은 그야말로 소돔과 고모라 같은 곳이었다. 동성연애자들도 많았고, 삼촌과 옆집 아저씨, 심지어 친오빠와 친아버지가 술에 취해서 친딸을 성폭행했다.

주일예배에 성도들이 40~50명으로 늘어나고, 어린이들도 꾸준히 60~70명 출석하면서 어엿한 교회 건물이 필요해졌다. 버려진 땅을 물색해 베드로 형제를 통해 땅 주인을 만났다. 주인인 오니Oni 자매는 50대 초반의 가톨릭 신자였다. 한 달에 한국 돈으로 3만 원을 내기로 하고 비만 피할 수 있는 무허가 교회 건물을 짓도록 주인에게 양해를 구했다. 이렇게 해서 총 200m² 대지 위에 150m² 크기의 사왈리Sawalli 교회, 즉 대나무 교회가 세워졌다.

내 원고료와 서울예술신학교 이상렬 학장님, 부천 삼광교회의 심원용 목사님, 그리고 나의 신학 동기인 유옥자 전도사 등이 십시일반으로 모은 300만 원으로 우선 목재와 에로Yero, 양철 지붕, 코코럼버Coco Lumber, 코코넛 목재, 시멘트 등을 구입했다. 마지막 바닥 공사를 남겨 두고 돈이 없어서 고민하고 있을 때, 갑자기 한국에서 나의 신학교 제자가 필리핀을 방문해서 보충해 주었다. 때를 따라 돕는 하나님의 은혜가 참으로 놀랍다.

드디어 기공 예배를 드린 지 한 달 만인 1992년 12월 23일에 대나무 교회인 '바토바토 교회'가 완성되었다. 태양이 뜨겁게 내리쬐는

1992년 12월 23일, 바토바토 교회가 완공되어
감격스러운 첫 예배를 드렸다.

날씨에도 훈련원 목사님과 형제 자매들, 성도들의 눈물겨운 헌신이 있었기에 가능한 일이었다. 우리는 모두 완공된 교회를 보며 "마간당 심바한!" 교회가 아름답다 이라고 외쳤다.

1992년 12월 25일 성탄절 예배 때 나는 새로 입당한 성전에서 판토마임 형식으로 모노드라마를 무대에 올렸다.

나는 연극을 무척 사랑한다. 이 세상은 하나님께서 창조하신 하나의 무대다. 인생들은 제각각 자신의 이야기를 무대에서 연기하는 배우이며 지나간 세대의 사람들은 종말을 향해 치닫고 있는 역사의 마지막 클라이맥스를 가슴 졸이며 지켜보는 관객이다.

나는 성경 전체가 한 편의 완전한 희곡이며, 문학 작품인 동시에 종합예술이라고 생각한다. 특히 욥기는 출중한 문학 작품으로서 하나님의 신정론 神正論 속에서 펼쳐지는 인류 구속의 메시지가 담겨 있다. 이 우주의 질서는 하나님의 뜻대로 운행되며 우리의 작은 몸짓과 항변은 연극적 요소 중 하나에 불과하다.

여고 1학년 어느 봄날이었다. 새벽에 하나님께서 나를 부르셨다.

"딸아! 이제부터 내가 너에게 연극을 지도하겠다. 거울 앞에 서라!"

그때부터 호흡을 크게 들이마시다가 아랫배에 힘을 주어 내뿜는 '대사 발성법'을 배웠고 표정과 손과 발의 동작 등을 노트에 기록했다. 이때 쓴 희곡이 나중에 책으로 출판된《교회 성극집》이다. 이후 《기독교 연극 개론》을 비롯한 20여 권의 희곡집을 발간했고, '아마추어 연극 활성화'라는 제목으로 여러 교회에서 강의도 했다.

하나님께서 주신 연기의 달란트가 언어와 민족, 문화가 다른 이곳 필리핀 선교에 이토록 큰 도움이 될 줄은 몰랐다. 원래 필리핀 사람들은 음악과 연극 등 예술적 감각이 뛰어나서 누구보다 열광적으로 호응했다.

나는 가난과 배고픔에 지친 성도들을 위해 '가난한 아버지의 하루'라는 제목으로 모노드라마를 준비했다. 필리핀은 부활절 행사도 중요하지만, 특별히 성탄절 행사가 우리나라의 명절처럼 중요하다. 어린이들한테는 더 그렇다.

주인공 아버지는 하루 벌어 하루 먹고사는 막노동꾼이다. 성탄 전날도 이곳저곳으로 일자리를 구하러 다녔으나 밤이 늦도록 일자리를 얻지 못했다. 친구들에게 돈이라도 빌려 보려 했지만 그것 역시 실패했다. 그는 낙심과 절망으로 공사장 근처를 서성거린다. 혹여 철근이나 벽돌이 떨어져서 몸이 다치면 보상금이 나오기 때문이다. 하지만 이 계획도 허사로 끝나 버렸다. 하는 수 없이 주변에 버려진 깡통을 주워서 거지 행세를 했다. 그러나 그것 역시 고작 동전 몇 푼 얻었을 뿐이다.

오래전부터 새 운동화를 사 달라고 조르던 막내아들, 성탄절을 맞아 새 옷을 입고 싶어 하는 예쁜 딸, 쌀이라도 사올 것이라고 기대하는 아내의 얼굴을 떠올리다 이대로 집에 갈 바에야 차라리 죽자는 마음으로 빌딩 꼭대기로 올라간다. 아버지는 뛰어내리려는 순간, 다시 가족의 얼굴이 스쳐 지나가 차마 뛰어내리지 못하고 한참을 어린아이처럼 울부짖는다. 힘없이 울면서 터벅터벅 걸어가는 무능력한 아버지, 힘없이 처진 어깨와 눈물과 콧물이 범벅이 된 얼굴! 그런데 집에 도착하자 이게 어떻게 된 일인가? 문 밖으로 들려오는 기쁨의 찬양 소리….

"기쁘다 구주 오셨네!"

문을 열자, 아이들이 판칫^{필리핀 잡채}과 빵, 음료수를 푸짐하게 차려놓고 아버지를 반갑게 맞이하는 것이 아닌가? 교회에서 성탄절을 맞이해 불우한 이웃을 돕는다며 가져온 음식이었다.

평소 그는 아내와 아이들이 교회에 간다고 하면 기를 쓰고 방해했다. 즐거운 식사를 마친 다음날 아침은 성탄절. 아버지는 가족의 손을 잡고 교회로 향했다. 〈기쁘다 구주 오셨네〉 찬송을 부르면서.

"기쁘다 구주 오셨네 만 백성 맞아라!"

그날 우리 교회 첫 성탄절 예배는 가난한 성도들을 위로하는 따뜻하고 사랑이 넘치는 예배였다. 오로지 존귀와 영광을 주님께만 돌려드린다.

"지극히 높은 곳에서는 하나님께 영광이요 땅에서는 하나님이 기뻐하신 사람들 중에 평화로다 하니라" 눅 2:14

두 번의
장례식

클레어의 장례 예배.
꽃다운 나이에 하나님 품에 안긴
클레어는 한 알의 밀이 되었다.

바토바토 마을에 가슴 아픈 살인 사건이 일어났다. 1993년 3월 3일 우리 교회의 성도인 모레도^{Moredo} 형제가 온몸에 여덟 군데나 칼에 찔린 채 살해된 것이다. 마을에는 공포와 정적이 감돌았고 일부 성도들은 언제 있을지 모르는 위험에 두려워 떨었다.

누가, 왜, 무엇 때문에 죽였는지도 모른 채 암흑으로 변해 가는 이곳! 모레도 형제는 교회 초창기 때부터 예배에 빠지지 않고 참석하며 하나님을 잘 섬기던 형제였다. 그의 어머니 프리미티바^{Primitiva}와 아버지 빅토리아노 Victoriano는 가난함에도 불구하고 우리 집이 굶주려 어려울 때 빵과 커피로 대접해 주고 우리 가족의 교통비까지 제공해 준 아주 헌신적인 가정이었다. 가난하지만 따뜻한 이 가정에 불행이 연거푸 닥쳤다. 재작년에 큰아들이 암으로 죽고 이번에는 막내아들이 살해된 것이다.

필리핀에서는 죽어서까지도 가난이 발목을 잡는다. 비싼 관과 장례차 등을 빌리느라 빚을 져야 하는 것이다. 빚마저 질 수 없는 가정에서는 시체가 30일 이상 썩도록 무덤에 넣지 못하는 경우도 있었다. 반면에 부자들의 장례식은 얼마나 화려한지 심지어 무덤에 피아노를 넣기도 하고 무덤지기까지 두기도 한다. 하지만 가난한 사람들은 땡볕에 매장지까지 한두 시간을 걸어서 가야 한다.

나는 서둘러 TV를 전당포에 맡기고 헌금을 모아 모레도 형제의 장례를 치렀다. 37℃가 넘는 열대 특유의 태양빛이 아예 살갗을 태울 듯이 덤벼들었다. 앞선 영구차에서 나오는 매연 역시 장난이 아니었다. 남편은 영구차 바로 뒤에서 긴 장례복까지 입고 있으니 얼마나 덥겠는가? 땀이 비 오듯 하고 목이 탔다. 그러나 어린 딸 샬람이도 얼굴이 빨갛게 익어서는 불평 한마디 없이 걷고 있었다.

드디어 도착한 매장지 세멘테리오 Sementeryo. 가난한 자의 무덤은 마치 벽돌을 쌓아올리듯 관 크기만큼 시멘트로 층층이 올려서 매장했다. 예배를 마친 후 가족과 마지막 인사라면서 닫혀 있던 관 뚜껑을 열었다. 나는 정말이지 그 자리에서 쓰러져 기절할 뻔했다. 코를 찌르는 시체 썩는 냄새와 차마 눈뜨고 볼 수 없는 구더기들….

한 사람씩 돌아가며 동전과 꽃, 아끼는 물건 등을 넣으며 작별 인사를 했다. 처음으로 필리핀식 정통 장례식을 인도한 남편 역시 충격으로 식은땀을 줄줄 흘리고 있었다. 그러나 그날 이후 우리 교회는 바토바토 마을의 구심점이 되었다.

또 한 번의 장례식을 소개할까 한다. 클레어Claire는 15세의 예쁜 소녀였다. 교회에서 성가대원으로 또 탬버린 댄스 단원으로 활동했고, 샬람이와 잘 놀아 주던 좋은 친구이자 언니였다. 그렇게 착하고 예쁜 아이가 어느 날 갑자기 시름시름 앓더니 병원에 입원했다. 병명은 패혈증. 뱃속에 기생충이 너무 많아서 뇌까지 침투한 것이다. 아마도 위생적이지 못한 식수가 원인일 것이다. 그러나 변변한 구충제 한번 복용했어도 이렇게까지 심각해지지 않을 일이었다.

주일예배를 마치고 남편과 샬람이와 함께 서둘러 앙고노 종합병원 Angono General Hospital으로 향했다. 병원 문을 들어서는데 소녀의 엄마 리디아Lydia가 통곡하는 소리가 들렸다. 우리가 도착하기 바로 전에 숨을 거둔 것이다. 샬람이는 큰 충격을 받았는지 클레어를 안고 "클레어 언니!" 하면서 엉엉 울었다. 몸을 만져 보니 살아 있는 사람처럼 아직 온기가 여전했다.

"엄마! 지금 교회에서는 예배를 마쳤을까? 샬람이가 나를 많이 기다리고 있을 텐데…."

예쁜 소녀 클레어가 죽기 전에 한 말이다. 마지막까지 온통 교회에 대한 그리움뿐이었다.

"왜 이 천사와 같은 어린 소녀를 먼저 데려가셨습니까? 왜?"

어린 소녀의 죽음이 너무 고통스러워 나는 하나님께 이렇게 따져 물었다. 샬람이는 내 옆에서 하도 울어 퉁퉁 부은 눈으로 이렇게 기도했다.

"예수님! 할 수만 있다면 클레어 언니를 살려 주세요."

샬람이의 기도는 마치 겟세마네 동산에서 기도하신 예수님처럼 너무나 간절했다.

"아버지여 만일 아버지의 뜻이거든 이 잔을 내게서 옮기시옵소서 그러나 내 원대로 마시옵고 아버지의 원대로 되기를 원하나이다."

클레어의 죽음은 내게는 한 알의 밀이었다. 비록 작은 개척 교회였으나 가장 영혼이 맑고 장래가 촉망되는 그 영혼을 순교자처럼 주님께서 받으셨다는 감동이 밀려 왔다. 그리고 언제 죽을지도 모르는 한 영혼을 위해 생명을 걸고 구원하는 일이 가장 시급한 일임을 모레도 형제의 급작스런 죽음을 통해 깨닫게 되었다. 구원의 확신 없이 맞이하는 죽음을 방관할 수 없어서 그날 이후 나는 교회 사역에 더욱 매달렸고 목회에만 집중하게 되었다.

"내가 진실로 진실로 너희에게 이르노니 한 알의 밀이 땅에 떨어져 죽지 아니하면 한 알 그대로 있고 죽으면 많은 열매를 맺느니라" 요 12:24

1993년 4월 초 그동안 선교사 훈련원에서 단기와 장기로 공부하던 분들이 선교 훈련 과정을 마치고 한국, 중국, 인도네시아로 떠나면서 본격적으로 교회 사역에만 주력했다. 선교사 훈련원 교사들과도 아쉬운 작별을 하고 작은 월세집으로 이사했다. 전에는 비정기적으로 모여 예배를 드렸지만 이제 주일과 수요일마다 전기도 들어오지 않는 예배당에서 기름 램프와 호롱불을 켜고 예배를 드렸다. 그리고 청소년들을 위한 예배와 주일학교 예배도 시간을 정해 드렸다.

나는 토요일에는 두 시간 동안 '교사 교육 세미나'를 했는데, 고등학생 8명을 상대로 시청각 교육과 성대 묘사 및 설교법, 인형극 지도,

필리핀 곳곳을 다니며 많은 목회자들과 성도들에게 은혜를 끼쳤다.

심방과 전도법, 찬양과 율동 등을 지도했다. 이를 바탕으로 1993년 4월 4일부터 14일까지 필리핀은 3월 말부터 5월 중순까지가 방학이다 처음으로 여름성경학교를 가졌다.

90명이 조금 넘는 아이들이 졸업하였고, 졸업식에 참석한 학부모들과는 다과를 나누면서 교회로 전도하는 계기도 만들었다.

내가 조금씩 언어가 구사되자 남편은 본격적으로 CGM Church Growth Ministry과 연합으로 전국을 순회하며 필리핀의 목회자와 리더들을 대상으로 '목회자 세미나'와 '영성 집회'를 열기 시작했다. 1993년 4월 모롱 여호와이레 교회를 시작으로 리살 Rizal에서는 360여 명의 목회자와 리더들이 모인 가운데 '목회자 세미나'와 '영성 집회'를 열었다. 성은혜감리교회 Holy Grace United Methodist Church에는 나도 초청되어 인형극 공연을 했다. 처음에 100여 명이 모이던 집회는 나중에는 2,000여 명이 모이는 대형 집회로 성장했다.

북부에 위치한 갈링가, 아파야오를 비롯해 이푸가오, 루손 섬 북부의 산페르난도 San Fernado까지 곳곳을 다니며 많은 목회자들과 성도들에게 은혜를 끼쳤다. 하나님께서 이때 특별히 많은 기적과 병자를 고쳐 주셨지만 무엇보다도 목회자들이 사도행전 2장 1-4절 말씀처럼 '성령의 불'을 받는 체험을 했다.

남편은 CGM과 함께 필리핀 구석구석을 다니며 세상 직업을 갖고 주일에 단 한 번 사역하는 필리핀 교회의 목회자와 열악한 상황을 보고 목회자를 깨우는 일이 급선무라고 판단했다. 밤에는 CGM에서 준비한 기독교 영화를 상영하고 낮에는 노방 전도를 해도 일주일 내내 전도한 영혼들을 양육하고 제자훈련하는 목회자가 없으면 소용없는 일이었다. 영혼 구원을 위해 자신의 생명까지 아깝지 않다고 여기는 목회자가 필요한 것이다. 더구나 당시 필리핀에서 사역하는 목회자들은 변변한 신학 교육도 제대로 받지 못했다.

남편은 이들 목회자들을 대상으로 제자훈련, 심방, 전도, 교회 성장 그리고 기도의 본질에 대해 알려 주는 목회자 세미나를 전국을 다니며 인도했다. 그리고 어떤 주제의 세미나가 열리든 적어도 저녁과 새벽기도회에는 사람들이 성령의 충만함을 체험하도록 혼신의 힘을 다했다. 지식이나 정보가 아닌 오직 부어 주시는 성령의 역사하심으로만 참된 목양과 영혼 구원이 가능하기 때문이었다.

당시 필리핀에서는 하루에 4~8시간씩 정전이 되었다. 문제는 어둠을 틈타 각종 사고가 끊이지 않는 것이었다. 살인, 납치, 강간… 게다가 대지를 빨갛게 태우는 열대의 무더위까지, 숨쉬기조차 힘든 필리핀에서 하나님은 하나님의 종들을 통해 변화의 물결을 일으키고 계셨다.

"사랑에는 거짓이 없나니 악을 미워하고 선에 속하라 형제를 사랑하여 서로 우애하고 존경하기를 서로 먼저 하며 부지런하여 게으르지 말고 열심을 품고 주를 섬기라 소망 중에 즐거워하며 환난 중에 참으며 기도에 항상 힘쓰며 성도들의 쓸 것을 공급하며 손 대접하기를 힘쓰라" 롬 12:9-13

꼬마 선교사
샬람

샬람이는 비록 어렸지만 필리핀 친구들의 영혼을 사랑하는 꼬마 선교사였다.

샬람이가 필리핀에 도착했을 때는 겨우 네 살이었다. 어린 샬람이는 자기의 의지와는 상관없이 필리핀의 선교사로 부름받은 엄마 아빠를 따라 문화도 다르고 언어도 다른 이곳에 오게 되었다.

나는 샬람이를 가졌을 때 예쁜 천사가 천도복숭아 같은 것을 내 치마 위에 주면서 "내가 너에게 예쁜 아기 천사 샬람shalom이를 주기 원한다"고 하는 꿈을 꾸었다. 꿈처럼 샬람이샬람은 아람어로 '샬롬'을 뜻한다는 우리에게 천사 그 자체였다.

살람이를 가졌을 때 우리는 너무 가난해서 굶기를 밥 먹듯 했다. 사정이 이렇다 보니 병원에 가서 정기검진을 하는 것은 꿈도 못 꿨고, 출산할 때도 모 조산원 권사님의 도움으로 낳을 수 있었다. 샬람이는 3.2kg의 건강한 아기로 태어났다. 하지만 출산 과정에서 내가 하혈을 많이 한데다 아기의 머리가 너무 커서 조산원에서 출산할 수 없는 상태였다.

"주여! 내 아기를 살려 주소서!"

급히 병원으로 옮겨야 했지만 형편 때문에 그럴 수도 없어서 '죽으면 죽으리다'는 각오로 기도했고, 아기의 울음소리를 듣고 나서야 나는 기절해서 3일 동안 앞을 보지 못했다. '이러다 평생 못 보면 어쩌나?' 걱정했지만 친정어머니의 극진한 보살핌으로 몸이 회복될 수 있었다. 친정아버지도 차갑던 마음을 조금씩 풀기 시작하셨다. 샬람이는 우리 가족을 모두 하나되게 하는 이름 그대로 '평화' 그 자체였다. 샬람이는 순하고 예쁜 아기였다. 한 번도 떼를 쓰거나 나를 힘들게 하지 않았다.

샬람이가 두 살 때던가. 아이가 보이지 않아 한참을 찾았는데 아빠 서재에서 발견되었다. 그 무거운 히브리 성경을 어떻게 꺼냈는지 마치 히브리어를 읽을 줄 아는 아이처럼 손으로 짚어 가며 보고 있었다. 우리 부부는 여느 부모들처럼 '하나님께서 천재를 주셨나 보다'

생각했다.

또 한번은 달동네 '밀알교회'가 교회 이전 문제로 어려움을 당하고 있을 때, 갑자기 세 살 난 샬람이가 일어나더니 어른처럼 오른손을 들고 우리를 향해 말했다.

"종들이여! 들으소서! 하나님의 교회는 이곳이 아닌 다른 나라에 세워지니 낙심하지 마소서!"

그러더니 언제 그런 말을 했냐는 듯 다시 주저앉아 어린 샬람이로 돌아가 놀기 시작했다. 마치 나귀의 입을 열어 말을 하게 하신 것처럼 민 22:28, 세 살배기 아이의 입을 통해 말씀하신 것이다. 그때 하나님이 샬람이를 통해 주신 예언이 샬람이가 열다섯이 되던 해 필리핀에서 성취되었다.

필리핀에 오기 전에 나는 남편의 선교 후원비를 마련하고 생활비를 벌기 위해 샬람이를 유아원 종일반에 맡기고 바쁘게 일하고 다녔다. 유아원에서 샬람이를 맡아 준 선생님도 전도사님 사모였다.

어느 날, 선생님이 잠깐 보자고 해서 유아원에 갔다. 지난주에 샬람이보다 몇 달 어린 개구쟁이 남자아이가 샬람이에게 매우 짓궂게 굴더니 마침내 때리기까지 해서 선생님이 그 남자아이를 야단쳤다. 그러면서 샬람이에게 "샬람아, 너도 그렇게 맞지만 말고 때려 봐!" 하자 샬람이가 선생님을 쳐다보며 이렇게 말했다고 한다.

"선생님, 저는 이 친구를 때릴 수 없어요. 제가 맞아 보니 이렇게 아픈데, 제가 이 친구를 때리면 쟤는 얼마나 아프겠어요."

선생님은 샬람이를 '꼬마 천사'라며 칭찬했지만 그 얘기를 듣는 나는 솔직히 속이 상했다. 나는 어려서 친구와 싸우면 거의 져 본 일이 없다. 어른한테도 잘못을 지적하는 아이였다. 친구들과 자주 다투지는 않았지만, 말다툼을 하게 되면 논리정연하게 따져서 완승을 했다. 남자아이들과 딱지치기, 구슬치기, 족구, 야구 등을 해서 져 본 기억도 별로 없다. 그런데 우리 딸 샬람이는 누구를 닮아서 저렇게도 순할까? 얼마나 아팠을까? 그 순간 엄마가 얼마나 보고 싶었을까?

필리핀에서도 샬람이는 덥다고, 배고프다고, 힘들다고 불평 한마디 하지 않았다. 샬람이는 바토바토 마을 사람들이 전염병으로 죽기도 하고 각종 질병에 시달리는 것을 보고 일찌감치 의료 선교사가 되겠다고 마음먹었다.

나는 마을 성도들의 집을 방문할 때면 샬람이와 함께 다녔는데, 쥐가 발톱을 갉아먹어 균으로 인해 다리를 절단한 청년도 있었고, 위생적이지 못한 환경으로 인해 피부 질환에 걸린 사람들도 많았다. 더구나 샬람이가 따르던 클레어는 기생충에 의해 죽기까지 했다. 선교지의 상황이 늘 그렇지만, 유독 바토바토 마을은 아픈 환자들이 많았다. 샬람이는 고사리 같은 손으로 상처를 소독해 주고, 직접 연고를 발라 주며 또박또박 타갈로그어로 기도해 주었다.

　나는 선교사가 되겠다는 샬람이를 강하게 키우기 위해 갓 여섯 살이 된 딸에게 성경 구절 암송과 기도는 물론이고 자기 속옷 빨기, 간단한 청소 등을 하도록 훈련시켰다.

　샬람이는 필리핀 친구들과도 곧잘 어울려서 나보다 타갈로그어를 잘했다. 한번은 의자 위에 줄을 쳐 놓고 각자의 머리에서 '이'를 잡아 "빌리스 빌리산 모 빠"^{빨리 가!}라고 소리치면서 놀더니 머리에 이를 옮아 와서 우리에게 선물로 주었다. 샬람이는 나이는 어렸지만 필리핀 친구들의 영혼을 진심으로 사랑하는 꼬마 선교사였다.

　샬람이가 일곱 살이 되자 진학 문제를 놓고 고민하게 되었다. 나는 샬람이에게 하루에 세 번씩 3개월 동안 작정기도를 하자고 했다. 하나님께서 인도하시는 학교를 기도 응답으로 받자고 한 것이다. 샬람이는 내 말에 전적으로 순종해서 나와 함께 간절하게 기도드렸다. 그때 샬람이가 드린 기도는 이랬다.

　"하나님, 저에게 한국말뿐 아니라 영어와 타갈로그어를 함께 배울 수 있는 학교를 주세요!"

　나는 샬람이의 기도를 들으며 속으로 은근히 걱정되었다. 영어와 타갈로그어는 그렇다 쳐도 한국말은 어떻게 배우나 싶어서였다. 그런데 3개월의 작정 기도를 마친 후 주님의 응답이 기다리고 있었다.

마침 산후안 시 San Juan City에 한국인 선교사 자녀를 위한 '마닐라한국아카데미' Manila Hankuk Academy가 설립된 것이다. '한국인, 국제인, 신앙인이 되자'는 표어 아래 한국에서 14개의 교단과 선교 단체들이 협력하고 필리핀 운영 이사회도 소집하여 문을 연 것이다. 그 해 샬람이는 그 학교에 입학했다. 하나님의 완벽하신 응답이었다.

그런데 문제는 집에서 학교까지가 너무 멀었다. 자동차로 1시간이 넘게 걸리는데 막히면 족히 2시간도 걸렸다. 하는 수 없이 우리가 학교 근처로 집을 옮겼다. 교회가 멀어진 것이 문제였지만 남편과 내가 부지런히 서두르면 되는 일이었다.

그런데 그때까지 아무런 문제 없이 성장해 온 샬람이에게 학교 생활 중에 작은 문제가 생겼다. 당시 우리는 교회에 갈 교통비마저 없을 만큼 재정적으로 무척 힘들었다. 그래도 샬람이의 도시락만큼은 신경 써서 싸 주었는데, 나중에는 끼니조차 해결하기 힘들어지자 도시락 반찬으로 필리핀 새우젓 '바공' Bagong을 싸 주었고, 간식으로는 필리핀 라면인 '마기' Magi를 싸 주었다.

"아니, 이게 무슨 냄새야! 야! 너는 간식 시간에 라면을 먹으면 어쩌니? 배탈 난다. 나는 새우깡과 맛있는 짱구 과자다."

어려서부터 또래들보다 생각이 깊었던 샬람이었지만 그날은 친구들의 놀림을 받고 충격을 받았는지 화장실에 갔는데 자꾸 눈물이 났다고 했다. 그리고 얼마나 스트레스를 받았으면 샬람이는 교실 내 신발장 옆에서 친구들이 쳐다보는 가운데 오줌을 싸고 말았다.

나는 가슴이 찢어질 듯이 아팠다. 달동네 밀알교회를 개척하면서 끼니를 굶었을 때도, 시아버지가 아무리 힘들게 해도 하나님께 원망해 본 적이 없다. 그런데 샬람이의 가슴 아픈 얘기를 듣고는 하나님을 원망했다.

나는 어렸을 때 고기 반찬에도 투정부려서 식모 언니가 쫓아다니며 밥을 먹여 주었는데, 양장점에서 공주 같은 원피스를 맞춰 입었는데, 우리 샬람이는 맛난 고기 반찬은 꿈조차 꾸지 못하고 기증받은 헌옷만 입고 다녔다. 그런데도 샬람이는 불평 한마디 하지 않는 딸이었다. 샬람이는 슬퍼하는 나를 도리어 위로해 주었다.

"엄마, 사실 도시락 때문에 엄마 아빠를 조금 원망했어요. 왜 우리 엄마 아빠는 다른 친구들처럼 맛있는 반찬과 간식을 안 싸 주실까? 그런데 오늘 예배 때 바토바토에 있는 친구들을 보면서 회개했어요. 바토바토 친구들은 하루에 두 끼밖에 못 먹고, 신발도 없어서 맨발로 다니고, 다 찢어진 옷들만 입는데 나는 반찬 투정이나 했잖아요."

나는 이 말을 듣고 샬람이보다 못한 나 자신을 회개했다. 샬람이가 가난한 필리핀 친구들을 바라볼 때 부유했던 어린 시절의 나를 바라본 나를 회개했다. 하나님께 불평했던 것을 회개했다.

샬람이가 3학년이었을 때였다. 당시 남편은 필리핀의 안티폴로 Antipolo에 있는 헐몬산 기도원에서 힘겹게 40일 금식기도를 하고 있었다. 샬람이는 좀처럼 남을 이겨야겠다는 생각을 하지 않는 아이인데 '영어 동화구연 대회'만큼은 혼자 거울을 보며 맹연습을 했다. 나는 샬람이에게 최선을 다하는 게 중요하지 1등이 되어 금메달을 받는 것은 중요하지 않다고 말해 주었다.

"엄마! 아빠는 지금 피를 토하면서도 힘들게 금식 중이세요. 제가 1등을 해서 이 금메달을 달아 드리면 얼마나 힘이 나고 행복하시겠어요!"

샬람이의 목표는 아빠를 기쁘게 해드리는 것이었다. 참으로 기특한 아이였다.

마침내 영어 동화구연 대회 날, 나는 그토록 진지한 샬람이의 모습은 처음 보았다. 샬람이는 자기 순서가 되자 조금도 수줍어하지 않고 당당하게 나가 손짓 발짓까지 해 가며 또렷또렷하게 발표했다. 엄마로서 정말 자랑스러웠다. 그리고 샬람이는 저학년 중에서 1등을 하여 금메달을 받게 되었다. 물론 남편은 샬람이가 걸어 준 금메달로 큰 힘을 얻었다. 다음은 샬람이가 3학년 때 지은 시다.

좋은 친구

알록달록 무늬의
무궁화
꽃밭에 널리널리
퍼져 있는 꽃
바람에 하늘하늘
흔들리지요
또 앞에 퍼져 있는
아름다운 코스모스
매일매일 함께
놀고 있지요
내가 가서
같이 놀래도
나도나도
이들같이 아름답다면
이들을 꺾어다가
부모님께 드리려다가
둘이 너무 다정해
차마 못 꺾었어요
아마도 보고플 것입니다
나의 무궁화와 코스모스를

샬람이의 4학년 담임이던 이영옥 선생님은 특히 샬람이를 예뻐했는데, 필리핀에서 사역을 마치고 한국으로 돌아갈 때 우리 교회에 피아노를 기증해 주셨다. 그런데 문제는 피아노를 칠 사람이 없다는 것이었다. 우리 교회 성도들은 그야말로 '도레미파'도 칠 줄 몰랐다. 그러다 내 마음에 '왜 멀리서 찾느냐? 샬람이가 있지 않느냐!'는 생각이 들어서 샬람이에게 "너 피아노 한번 쳐 볼래?" 했다.

그런데 기적이 일어났다. 피아노를 배운 적 없는 샬람이가 필리핀 노래〈살라맛 싸이요〉당신께 감사해요를 감각만으로 치는 것이 아닌가? 나와 남편, 성도들 모두 박수를 치며 하나님께 영광을 돌렸다. 주님 말씀처럼 샬람이는 우리 교회의 첫 번째 반주자가 되어 악보 없이 자주 부르던 타갈로그어 노래를 쉽게 다장조로 바꾸어 악보를 만들었다.

나는 당시 마닐라한국아카데미 음악 선생님이던 이혜숙 선생님을 찾아뵙고 상담을 드렸다. 평소 우리 사정을 아시던 터라 선생님은 일주일에 두 번씩 무료로 샬람이에게 피아노 지도를 해주셨다.

모든 기도의 응답은 공짜가 없음을 나는 고백하지 않을 수 없다. 샬람이를 임신했을 때 나와 남편은 배에다 손을 얹고 이렇게 기도했다.

첫째, 이 아이는 하나님께 언제나 100% 순종하고 심성이 착한 아이가 되게 하소서!

둘째, 이 아이에게 영적인 분별력을 주시고 미술과 음악, 체육 등

예술에 재능을 더하여 주소서!

셋째, 지혜와 지식의 은사를 주옵시고 성령의 아홉 가지 열매를 늘 맺게 하소서.

넷째, 갈라디아서 2장 20절 말씀처럼 '사나 죽으나 예수님의 생애' 처럼 살게 하소서.

샬람이가 초등학교 5학년 되던 해부터 학교에서는 학생들에게 바이올린과 플루트, 클라리넷 등의 악기를 지도해 주었다. 하지만 샬람이는 악기를 구입하지 못해 음악 시간이면 운동장에 나가 쓸쓸히 그네를 타야 했다.

남편은 마닐라한국아카데미에서 3년 동안 교목으로서, 학교운영이사회 이사로서 섬겼다. 하지만 하나밖에 없는 딸의 등록금을 한 번도 제때에 내지 못했고 두 번의 학비가 밀려 있었다. 그야말로 교목으로서 체면이 서지 않는 일이었다. 그때 마침 일본 교토교회에서 집회 초청이 있어서 갔다가 사례비를 받아 샬람이의 등록금을 마련할 수 있었다. 그런데 샬람이는 당시 형편이 어려워서 학업을 중단해야 하는 상황에 처한 학생에게 자신의 등록금을 양보했다.

당시에 교장 선생님이던 김은호 목사님은 운동장에서 쓸쓸하게 그네를 타는 샬람이를 보며 늘 가슴 아파 하셨다. 목사님은 그 해 오정성화교회의 이주형 목사님이 선교팀과 함께 마닐라한국아카데미를 방문하자, 샬람이에게 플루트를 사주십사 간곡히 부탁하셨다. 덕분에 샬람이는 플루트뿐만 아니라 밀린 학비까지 해결할 수 있었다.

샬람이는 남들보다 한 달 늦게 플루트를 배웠지만 졸업식 때 독주를 해서 교장 선생님과 우리의 눈시울을 뜨겁게 만들었다. 또한 6학년 대표로 졸업사를 낭송했는데, 특히 "어른이 되면, 반드시 마닐라한국아카데미로 돌아와서 내가 받은 사랑의 빚을 갚겠습니다"고 했다. 그 다짐을 듣는 순간 가슴이 뭉클했다. 꼬마 선교사 샬람이는 그 약속을 잊지 않았고, 미국에서 대학을 마친 후 2009년 모교로 돌아와 1년 6개월 동안 마닐라한국아카데미 교사로 봉사했다. 어릴 적 약속을 지킨 것이다.

> "내가 그리스도와 함께 십자가에 못 박혔나니 그런즉 이제는 내가 사는 것이 아니요 오직 내 안에 그리스도께서 사시는 것이라 이제 내가 육체 가운데 사는 것은 나를 사랑하사 나를 위하여 자기 자신을 버리신 하나님의 아들을 믿는 믿음 안에서 사는 것이라" 갈 2:20

내가 진실로 진실로 너희에게 이르노니
한 알의 밀이 땅에 떨어져 죽지 아니하면
한 알 그대로 있고
죽으면 많은 열매를 맺느니라

요한복음 12장 24절

천국 열쇠의 비밀 2
사랑이 가장 먼저다

필리핀을 네 몸처럼 사랑하느냐?

하나님의 도구
필리핀 디아스포라

우리는 필리핀 디아스포라를 위해
간절히 찬양하며 기도했다.

　필리핀 목회에 깊이 들어가면 갈수록 단순히 필리핀의 교회 부흥만이 아니라 필리핀 교회를 통해 아시아 선교에 동역하도록 하는 것이 매우 중요하다는 것을 알게 되었다. 2012년 통계에 의하면 필리핀은 중국과 인도 다음으로 1,300만 명에 이르는 디아스포라를 갖고 있다. 이는 세계 각처로 흩어진 교회 성도들을 통해서도 매우 전략적으로 세계 선교를 감당할 수 있음을 알려 준다. 실제로 현재 필리핀 해외 노동자들은 어느 지역에서나 모이기만 하면 교회를 세워서 현지인 선교를 감당하는 데 진력하고 있다. 필리핀 사역을 시작한 지 불과 4년밖에 지나지 않았는데도 필리핀 교회의 성장과 부흥 그리고 디아스포라 사역을 통한 세계 선교 등이 눈에 들어왔고, 또 이를 위한 사역들이 줄을 이었다.

1995년 4월, 필리핀복음주의협의회PCEC와 극동방송, Philippine For Jesus Movement, CCC, CGM 등 필리핀 내 단체들이 대거 참여하는 필리핀 교회 성장 컨퍼런스가 열렸다. 남편은 주 책임자로 4개월 남짓 여러 리더들과 함께 각 기관을 방문하며 홍보하였다. 필리핀 최대 교회인 'Jesus is Lord' 교회의 에디 빌레누에바를 비롯하여 한국의 금란교회 김홍도 목사님 등이 강사로 섰다.

컨퍼런스가 시작되자 파키스탄, 인도, 미얀마, 미국 등지에서 목회자와 리더들이 참여해 예상보다 훨씬 많은 사람들이 모였고, '이 땅에 부흥을 주소서!'의 표어처럼 합심하여 기도하는 시간에는 강한 성령이 임했다.

특별히 해외 노동자들을 위해 기도했다. 1995년 당시 필리핀은 유대인의 디아스포라를 연상시키듯 200만 명에 이르는 사람들이 세계 각지에 흩어져 외화벌이에 나서고 있었다.

"Philippine is For Christ! Go to the World!"

모든 필리핀 교회 목회자들과 리더들은 큰 소리로 이렇게 외치며 한목소리로 하나님께 간절히 기도했다.

이렇게 '교회 성장과 부흥'을 위한 컨퍼런스를 성황리에 마친 뒤 우리 가족은 홍콩찬양교회 Hong Kong Praise Church 의 초청으로 홍콩에 거주하는 필리핀 근로자를 위한 세미나를 인도하러 홍콩에 갔다. 열악한 환경과 낯선 문화 속에서도 꿋꿋하게 일하는 필리핀 근로자들을 보며 우리는 눈물을 흘리지 않을 수 없었다. 그들이 숙소를 잡아 주겠다는 것도 뿌리치고 3박 4일을 그들과 함께 기거했다. 가운데 커튼을 사이에 두고 남자와 여자가 함께 몸을 누이는 그런 방이었다.

아침이면 30여 명의 사람들이 하나밖에 없는 화장실을 쓰기 위해 길게 줄을 섰다. 그들은 샬람이가 급하다니까 급하지 않은 사람이 없건만 기쁜 마음으로 양보해 주었다. 고단한 삶 가운데서도 서로를 배려하고 이해하는 마음이 각별했다. 나는 하루속히 필리핀이 경제적으로 성장해서 이들이 대접받는 날이 오기를 기도했다.

한편, 홍콩에 있으면서 CCC를 도와 중국의 선전 深圳 에 성경과 신학 서적을 보급하는 일을 했는데, 동행한 알론소 목사와 몇몇 필리핀 목사님들이 국경 수비대에 발각되어 고초를 겪는 일도 있었다.

3박 4일 동안의 세미나를 마치고 우리는 홍콩의 필리핀 목회자들과 교회들을 방문했다. 그들은 모두 필리핀의 값싼 임금과 열악한 노동환경, 더 나아가 정부의 통계치보다 훨씬 웃도는 실업난이 심각한 문제라고 입을 모았다. 그럼에도 불구하고 필리핀인 형제 자매들은 세계 각처에서 예배를 드렸고, 그것이 자연스럽게 선교가 되고 있었다.

한편 이들의 대부분이 평신도이거나 선교사 훈련을 제대로 받지 못한 목회자들이어서 '선교사 훈련원'이 반드시 필요했다. 홍콩은 물론 싱가포르와 사우디아라비아, 대만, 한국 등의 말을 능숙하게 구사하는 필리핀 선교사 후보생은 많으나 이들을 훈련해서 파송할 훈련원이 마땅히 없었던 것이다. 남편과 나는 필리핀으로 돌아오는 비행기 안에서 선교사 훈련원 건립을 위해 하나님께 간절히 기도했다. 그러자 주님께서 내게 말씀하셨다.

"딸아! 내가 너를 통해 그 훈련원을 세울 것이다!"

주님의 이 말씀은 10년이 훨씬 지난 2010년에야 비로소 성취되었다. 7층짜리 건물로 지은 '선교사 훈련센터 엘리야국제선교대학원'가 그것이다.

남편과 나는 이후로도 태국과 홍콩, 싱가포르, 말레이시아, 베트남, 인도네시아 등 여러 곳을 여행했는데, 모두 필리핀 근로자들의 초청을 받아서였다. 우리는 세미나와 간증 집회를 통해 삶에 지친 그들을 위로해 주었고, 언젠가 이들의 아픔과 고통이 하나님의 커다란 축복의 도구로 쓰임 받기를 기도했다. 예레미야 선지자가 바벨론으로 끌려가는 이스라엘 백성을 향해 하나님이 다시 회복해 줄 것을 약속했

듯이, 나는 세계 각지에 흩어진 필리핀 노동자들을 향해 그 같은 소망의 메시지를 전했다.

> "여호와께서 이와 같이 말씀하시니라 바벨론에서 칠십 년이 차면 내가 너희를 돌보고 나의 선한 말을 너희에게 성취하여 너희를 이 곳으로 돌아오게 하리라 여호와의 말씀이니라 너희를 향한 나의 생각을 내가 아나니 평안이요 재앙이 아니니라 너희에게 미래와 희망을 주는 것이니라 너희가 내게 부르짖으며 내게 와서 기도하면 내가 너희들의 기도를 들을 것이요 너희가 온 마음으로 나를 구하면 나를 찾을 것이요 나를 만나리라 이것은 여호와의 말씀이니라 나는 너희들을 만날 것이며 너희를 포로된 중에서 다시 돌아오게 하되 내가 쫓아 보내었던 나라들과 모든 곳에서 모아 사로잡혀 떠났던 그 곳으로 돌아오게 하리라 이것은 여호와의 말씀이니라"
>
> 렘 29:10-14

너희를 애타게 기다리는 영혼에게로
빨리 가라

주님의 명령에 따라 쿠바오의
소외된 영혼들에게 복음을 전했다.

바토바토 마을 사람들은 무허가로 집을 짓고 살았다. 1995년부터 땅 주인들이 땅을 팔기 시작해 1996년 10월쯤에는 거의 모든 집들이 철거되었다. 이제 교회 근처에는 아일린과 마리아, 칼로타 등 몇몇 성도 집만 남아 있었다. 교회 바로 앞에 사는 티타^rita와 프리미티바^Primitiva 집도 곧 철거될 예정이었다. 사람들은 오랫동안 둥지를 틀고 산 바토바토 마을에서 2시간이나 떨어진 부둣가 비난고난^Binangonan이나 정부가 지정해 준 곳으로 이사를 갔다.

교회의 성도들은 무엇보다 교회를 떠나는 것이 슬퍼서 철거된 집을 부둥켜안고 울부짖었다. 몇 집은 냇가를 따라 임시 숙소를 만들어 살았지만 이 집 역시 얼마 후 비워 주어야 했다. 교회도 이들과 사정이 다르지 않았다. 무허가로 건물을 올린 상태라 곧 비워 주거나 땅을 사서 버티거나 해야 했다. 우리는 이왕이면 이전하기보다 현재 부지를 매입하는 것으로 결정하고 땅 주인을 만나 협상을 했다.

불도저가 끊임없이 판잣집을 부수고 그 위로 길을 내고 있었다. 이제 바토바토는 일부만 남게 되었고 체리빌 Cherry Ville, 라미라솔 Lamirasol Village, 서머필드 Summerfield Village 등의 새로운 마을 이름이 팻말을 꽂기 시작했다. 내가 이곳에 처음 왔을 때 하나님께서 하신 말씀이 있었다.

"너희 교회를 중심으로 동서남북이 개발되어 신도시가 생길 것이다!"

바로 이때를 두고 하신 말씀인 모양이었다. 하나님은 우리 교회 이름을 한알의밀알교회 A Grain of Wheat Church로 새롭게 지어 주셨다. 그리고 한알의밀알교회를 찾는 성도들도 무허가 판잣집에서 중산층으로 바뀌었다. 오랜 시간 정이 든 성도들을 떠나보내는 일은 생각보다 쉽지 않았다.

한편 그 해 1996년은 바토바토 마을뿐 아니라 필리핀 전역에서 크고 작은 분쟁과 자연재해가 계속 일어났다. 필리핀 정부는 아시아 신

성도들의 집이 하나 둘 철거되고,
우리 교회는 한알의밀알교회로
새롭게 이름을 바꾸었다.
하나님은 우리의 지경을 넓혀 주셨다.

흥 공업국 진입을 위해 노력했지만 만연된 부패와 잘못된 관행은 쉽게 개혁되지 않았다. 필리핀은 영적 상태를 보면 여전히 희망을 가져 볼 만했지만, 육신의 눈으로 보면 참으로 절망적이었다. 거리를 활보하는 동성연애자들은 날이 갈수록 증가하고, 전 국민의 깊은 신앙심으로 자리 잡은 마리아 숭배와 산토니뇨 어린 성자 예수 숭배도 여전했다. 더 심각한 것은 겉은 멀쩡하나 속은 썩은 과일처럼 '참 회개'와 '변화'가 없는 것이었다.

그럼에도 개신교는 2000년까지 필리핀 전역의 5만 마을에 5만 교회 1996년 당시 2만 7,000교회를 세우자는 목표를 세웠다. 천부적인 음악성과 예술성, 내일 먹을 것이 없어도 오늘 먹을 것에 만족하는 낙천적인 성격, 친절하고 재능이 다양한 필리핀 형제 자매들은 세계 선교의 큰 자원임에 틀림없기 때문이다.

1996년 12월, 필리핀복음주의협의회PCEC 산하 필리핀 교계 지도자들은 일간지 〈마닐라 불러틴〉에 성명서를 냈다. 작금에 빈번한 자연재해는 '하나님의 분명한 경고'이며, 이는 전 국가적으로 만연된 부정부패와 동성연애, 갈수록 점증하는 부익부 빈익빈 현상, 전 세계 400만에 달하는 필리핀 해외 노동자들의 인권 유린과 그칠 줄 모르는 우상 숭배의 죄악 때문이라고 경고한 것이다. 그리고 이는 그리스도인들의 참 회개가 결여되었기 때문이기도 하다고 솔직하게 시인하며 회개와 각성 운동을 촉구했다.

우리 교회는 1995년부터 상업 지구인 쿠바오Cubao를 중심으로 거리 전도를 나갔다. 쿠바오는 일종의 상가 밀집 지역으로 백화점과 시장이 있는 곳이다. 쿠바오의 육교와 시장에는 우리나라 1960년대의 마장동 뚝방에서 구걸하는 거지들을 연상시키는 사람들이 진을 치고 있었다.

우리 교회는 이들 소경과 팔다리가 잘린 불구자들, 버려진 아이들을 대상으로 '거리 연극'과 '찬양 집회'를 했다. 전도지를 나눠 주며 빵과 주스도 건넸더니 처음에는 빵에만 관심을 보이던 사람들이 전도지를 꼼꼼히 훑어보기 시작했다. 복음의 문이 열리고 있는 것이다.

쿠바오 사역의 발단은 1995년 11월 9일 우리 가족의 '피자 사건'에서 비롯되었다. 필리핀은 열대 지방으로 기후와 환경으로 인한 풍토병인 '열병'에 걸리기 쉬운데, 보통 3~4일 식음을 전폐하고 앓아눕는다. 심한 경우 머리가 빠지고 심지어 2~3주 동안 고열에 시달리게 된다. 베드로의 장모가 앓은 열병이 이와 같았을 것이다. 남편은 세 번의 열병을, 나는 두 번, 샬람은 그 해 네 번째 열병에 걸렸다. 이번 증세는 좀 심해서 샬람이는 온몸이 불덩이처럼 뜨거웠고 밤새 신음을 했다.

샬람이가 아프기 전날 우리 가족은 SM메가몰^{백화점} 1층에서 난생 처음으로 피자를 먹었다. 모처럼 외식을 한 것이어서 우리는 모두 행복에 들떴다. 바로 그때, 나는 20대 중반의 청년을 보았다. 남루한 옷차림의 청년은 피자가 먹고 싶은지 계속해서 식당 앞을 서성거리며 사람들을 유심히 살피다 나와 눈이 마주쳤다.

"여보! 저 사람 배가 고픈 것 같아요."

그러자 남편이 말했다.

"필리핀 사람들은 수줍음을 많이 타요. 나중에 남으면 주든지 하고 일단 먹읍시다."

남편의 말이 그럴듯해서 나는 곧 시선을 거두고 맛있게 먹었다. 하지만 집으로 돌아오는 길 내내 그 청년의 슬픈 눈이 나를 따라왔다. 그러더니 방금전까지도 멀쩡하던 샬람이가 집에 도착하자마자 온몸이 불덩이처럼 뜨거워지며 앓아누웠다. 여러 번 해열제를 먹이고, 냉찜질을 해도 39~40℃를 넘으며 헛소리까지 했다.

자정을 넘어 차량도 끊긴 새벽, 다급한 남편과 나는 무릎을 꿇고 샬람이를 위해 눈물로 기도했다. 그러나 주님의 응답은 없고, 급기야 샬람이는 탈진해서 흰눈동자까지 보였다.

어느 누구한테도 도움을 청할 수 없는 절박한 그때 시계를 보니 새벽 2시 30분이었다. 하나님의 엄하고 분명하신 책망의 말씀이 우리에게 임했다.

"너희는 어찌하여 오늘 나를 보고도 외면하였느냐? 피자 가게 앞에서 허기진 배를 움켜쥐고 너희 주위를 맴돌던 한 청년을 보지 못했느냐? 그가 바로 나였노라! 내가 지금까지 너희를 가난과 배고픔과 질고 속에서 연단하였는데, 어찌 가난하고 굶주린 자들을 외면한단 말이냐? 너희는 어찌 그를 데려다가 너희가 가진 것을 함께하지 않았단 말이냐! 너희는 지금부터 두 벌 옷을 가지지 말고, 전대를 지니지 말며, 너희가 가진 모든 것을 고아와 가난한 자들에게 나누어 주어라! 너희에게 배고픔과 고난의 연단을 준 것은 너희보다 더 굶주리고 소외된 자들과 더불어 살게 하려 함인데, 너희만 풍족하게 먹고 버려진 영혼을 돌보지 않음은 내게 합당치 않노라! 이제 너희는 고아들을 돌보며, 불구자와 오갈 데 없는 거지들과 버려진 노인들에게 복음을 증거하라."

실로 준엄하고도 분명하신 하나님의 책망을 듣고 나와 남편은 눈물범벅이 되어 회개기도를 드렸다. 그리고 새벽 3시, 장롱을 열어 각자 두 벌 옷만 남기고 가난한 자들에게 나눠 줄 헌옷, 그릇, 구두, 가방, 우산, 심지어 침대까지 챙겼다.

바로 그때 기적이 일어났다. 그렇게 죽을 듯이 아팠던 샬람이 거짓말처럼 열이 내려 말짱해진 것이다.

세미나 사역과 필리핀 목회자 훈련 및 전도 집회, 아시아 지역 복음 전파 등 나름대로 선교사역을 잘하고 있다는 착각에 빠져 있다가 하나님의 준엄한 목소리를 듣고 우리는 회개하며 모든 사역을 내려놓았다. 그리고 그 밤에 챙긴 모든 물건을 필리핀의 가난한 목회자 가정과 가난한 성도들을 일일이 찾아가 나눠 주었다.

그 후 주님의 명령대로 쿠바오 육교 위에 버려진 고아들과 노인들, 거리의 아이들, 눈먼 자들, 불구자들에게 전도지와 빵, 주스를 나눠 주며 복음을 증거하기 시작했다. 우리는 쿠바오 거리에 나가서야 주님의 깊은 뜻을 이해하게 되었다. 주님은 대형 교회 목사가 되고 좋은 집에 살며 수많은 양을 치는 큰 교회 건물을 세우는 것이 아니라 버려진

한 영혼을 위해 죽을 수 있는 종을 찾고 계시다는 것을 말이다.

"여우도 굴이 있고 공중의 새도 거처가 있으되 인자는 머리 둘 곳이 없다" 마 8:20

금세기 최악의 태풍 로싱 Rosing이 필리핀 전역을 강타해 사상자만 780명이 넘었다. 단전, 단수는 물론 집과 도로가 잠기고 나무와 전신주가 뽑히고 부러졌다. 교회 역시 간판과 지붕 일부가 날아가고 화장실이 통째로 부서졌다. 주님께서 우리 가족에게 급히 말씀하셨다.
"빨리 움직여라! 이 어려움 가운데 지금 너희를 애타게 기다리는 영혼들에게로 빨리 가거라!"
"오 주님! 빨리 서둘러 가겠나이다."
달리는 발걸음이 더욱 바빠진다. 나는 주님의 말씀을 기억한다.

"또 누구든지 제자의 이름으로 이 작은 자 중 하나에게 냉수 한 그릇이라도 주는 자는 내가 진실로 너희에게 이르노니 그 사람이 결단코 상을 잃지 아니하리라 하시니라" 마 10:42

"예수께서 모든 도시와 마을에 두루 다니사 그들의 회당에서 가르치시며 천국 복음을 전파하시며 모든 병과 모든 약한 것을 고치시니라 무리를 보시고 불쌍히 여기시니 이는 그들이 목자 없는 양과 같이 고생하며 기진함이라 이에 제자들에게 이르시되 추수할 것은 많되 일꾼이 적으니 그러므로 추수하는 주인에게 청하여 추수할 일꾼들을 보내 주소서 하라 하시니라" 마 9:35-38

헐몬산 기도원에서의
40일 금식기도

우리를 치러 오는 이 큰 무리를 우리가 대적할 능력이 없고 어떻게 할 줄도 알지 못하옵고 오직 주만 바라보나이다.

주후 70년 로마의 디도^{titus} 장군에 의해 성전이 황폐화되고, 예루살렘이 멸망할 것을 아신 예수님은 울면서 기도하셨다.

"예루살렘아 예루살렘아 선지자들을 죽이고 네게 파송된 자들을 돌로 치는 자여 암탉이 그 새끼를 날개 아래에 모음같이 내가 네 자녀를 모으려 한 일이 몇 번이더냐 그러나 너희가 원하지 아니하였도다" 마 23:37

남왕국 유다가 신바벨론 제국에 의해 멸망할 것을 안 예레미야 선지자는 눈물로 민족을 위해 기도했다.

"어찌하면 내 머리는 물이 되고 내 눈은 눈물 근원이 될꼬 죽임을 당한 딸 내 백성을 위하여 주야로 울리로다" 렘 9:1

"딸 내 백성의 파멸로 말미암아 내 눈에는 눈물이 시내처럼 흐르도다 내 눈에 흐르는 눈물이 그치지 아니하고 쉬지 아니함이여" 애 3:48-49

지금 40일 금식을 하는 남편의 눈에도 이 민족을 위한 기도와 간구로 눈물이 마르지 않고 있다. 이 민족이 진정 하나님께 택함받은 백성으로 구원받고 그리스도의 계절이 오기 위하여 눈물로 부르짖고 있는가? 하나님은 필리핀을 나의 조국처럼 사랑하게 하시고, 이 민족의 영혼 구령을 위해 가슴 아프게 기도하게 하셨다.

안티폴로 Antipolo 와 테레사 Terresa 중간에 위치한 헐몬산 기도원 Mt. Hermon Prayer Garden 은 산 중턱에 자리 잡은 아담한 기도원이다. 작은 예배실과 필리핀 전통 움막 형태의 숙소와 20개 정도의 허름한 기도실이 있다. 남편은 1996년 2월 12일부터 이곳에서 40일 금식기도를 했다. "필리핀 민족만을 위해 눈물로 기도하라"는 하나님의 명령으로 시작된 금식기도였다.

나는 남편과 결혼한 후 습관처럼 '보호식 죽'을 끓였다. 남편은 한국에서도 그랬지만 필리핀에 와서도 수시로 40일, 21일, 20일 금식기도를 했고, 이를 통해 하나님과 깊은 교제를 나누었다. 남편은 금식 중에 성경을 창세기부터 계시록까지 10독을 했는데, 특히 이번에는 40일 금식기도 동안 처음 20일이 넘도록 생수조차 마시지 않고 '죽으면 죽으리라'는 각오로 부르짖는 고통의 금식을 했다.

이 기도원 역사상 40일 금식기도는 남편이 처음이어서 기도원은 금식 중에 혹 죽어도 '우리 부부 책임'이라는 영어로 쓴 각서와 사인을 받고서야 남편의 금식기도를 허락했다. 게다가 밑에서 누군가 바나나 나무를 태울 때면 더운 열기와 연기가 올라와 숨도 쉬기 힘들었다. 더구나 꼭대기 숙소까지는 물이 나오지 않아 아래까지 내려가 조그만 통에 물을 길어 와 고양이 세수를 해야 했다.

나는 강해져야 했다. 나와 샬람이는 아침 금식을 하며 열악한 환경에서 40일을 금식하는 남편을 응원했다. 나는 매일 아침 샬람이를 학교에 보낸 뒤 큰 물통 두 개에 끓인 물을 담아 남편이 있는 기도원에 갔다. 물조차 먹지 않아 해골처럼 말라 가는 남편의 손과 발등을 수건에 적셔서 닦아 주기 위해서였다. 남편과 함께 2~3시간을 기도한 뒤 수요예배와 금요기도회를 인도하러, 또 샬람이의 하교 시간에 맞춰 기도원 계단을 밟고 내려올 때면 눈물이 앞을 가렸다. 남편 혼자 남겨 두고 가자니 가슴이 찢어지게 아팠다.

교회 성도들도 매일 시간을 정해 차가운 시멘트 바닥에 무릎을 꿇고 릴레이 기도를 해주었다. 출로 형제<당시 신학생이었으며 지금은 선교사가 되어 그의 아내와 함께 캄보디아로 파송되었다>는 남편을 중보하기 위해 헐몬산 기도원에서 7일 동안 금식기도를 같이 했다. 참으로 힘이 되고 감사한 일이었다.

주변의 동료 선교사들도 방문하여 위로하고 응원해 주었다.

남편의 금식 23일째쯤 되는 날이었다. 그날도 어김없이 샬람이를 학교에 보내고 따뜻한 물을 끓여 서둘러 기도원으로 향했다. 남편의 금식 소식을 듣고 세 분의 선교사님들이 연락도 없이 오셔서 그날따라 밭은기침을 심하게 하는 남편을 걱정했다.

"어디 몸이 안 좋으신 거 아닙니까? 목사님, 제가 이런 말씀드리는 거 언짢게 생각지 마시구요! 기도하려면 잘 먹고 잘 자야지요! 이렇게 안 드시고 안 마시면서 무슨 기도가 됩니까? 힘이 있어야 기도도 하지요."

옆에 있던 다른 선교사님도 한마디 거드셨다.

"제가 아는 어떤 목사님도 삼각산에서 40일 금식기도를 성공적으로 마치고 나서 산 아래 포장마차에서 파는 닭고기 한 조각을 먹고는 그 자리에서 즉사했지 뭡니까!"

그러자 다른 분이 또 거드신다.

"내가 아는 어떤 분은 40일 금식기도 후 폐병에 걸려 돌아가셨어요! 선교사님 기침 소리를 들어 보니 너무 걱정이 되어서 드리는 말씀인데, 이 더운 날에 필리핀에서 큰일 나십니다. 그만 중단하십시오."

마치 욥의 세 친구 엘리바스와 빌닷과 소발처럼 그들은 남편의 금식기도를 결과적으로 비난만 하고 돌아갔다. 동료 선교사님들의 방문 이후, 남편의 얼굴은 더욱 지쳐 보였다. 찌는 듯한 더위와 계속되는 기침에 한없이 나약해진 남편은 쓰러질 듯 베개에 얼굴을 파묻고 고통스러워했다.

"여보, 하나님께서 시키신 40일 금식이니 결단코 중단해서는 안 됩니다. 약해지면 안 되요! 설사 순교를 하는 일이 있더라도 제가 드린 이 기도 방석 붙잡고 야곱처럼 씨름하듯 기도하셔야 해요! 반드시 당신은 승리할 거예요!"

남편의 밭은기침이 한동안 계속되는가 싶더니 좁쌀만 한 핏덩어리가 목을 타고 나왔다. 나와 남편은 눈물로 울부짖으며 기도하기 시작했다.

"하나님! 남편이 과연 금식을 계속해야 합니까? 이러다가 정말 남편한테 큰일이 생기면 어쩝니까?"

그러나 주님은 단호했다.

"결코 중단해서는 안 된다."

머리로는 이해할 수 없는 명령이지만 남편과 나는 이미 절대 순종이 훈련되어 있었다. 당장이라도 남편을 집에 데려가고 싶었지만, 피를 쏟는 남편을 혼자 남겨 두고 나는 무거운 마음으로 집에 돌아왔다.

"주여! 당신께 남편을 맡깁니다."

돌아오는 길을 이사야서 말씀이 따라붙었다.

> "앗수르의 사르곤 왕이 다르단을 아스돗으로 보내매 그가 와서 아스돗을 쳐서 취하던 해니라 그 때에 여호와께서 아모스의 아들 이사야에게 말씀하여 이르시되 갈지어다 네 허리에서 베를 끄르고 네 발에서 신을 벗을지니라 하시매 그가 그대로 하여 벗은 몸과 벗은 발로 다니니라 여호와께서 이르시되 나의 종 이사야가 삼 년 동안 벗은 몸과 벗은 발로 다니며 애굽과 구스에 대하여 징조와 예표가 되었느니라" 사 20:1-3

나는 집을 향해 걸으며 기도했다.

"나 김은주는 이사야 선지자처럼 100% 순종하길 원하나이다."

다음날 아침, 서둘러 헐몬산 기도원으로 향했다.

'혹시 남편에게 무슨 일이 생긴 것은 아닐까?'

허겁지겁 그 높은 계단을 단숨에 올라갔다. 그런데 다 죽어 가던 남편이 의자에 앉아서 오른손을 들고 "할렐루야!" 하면서 활짝 웃고 있는 것이 아닌가?

남편은 지난밤 죽으면 죽으리라는 각오로 기도 방석을 부여잡고, 야곱처럼 씨름하듯 기도를 드렸다고 한다. 그때 하늘 문이 열리며 우주 중앙에 서 계신 예수님을 만났다는 것이다. 예수님의 오른편과 왼편에는 천군천사가 있었고 예수님 뒤쪽으로는 수를 셀 수 없는 하얀 양 떼가 몰려 있었다. 예수님 앞으로는 성도들이 두 손을 높이 들고 예수님을 찬양했다.

예수님이 남편에게 같은 질문을 세 번 반복해서 물으셨다.

"사랑하는 아들아! 내가 네게 무엇을 하여 주길 원하느냐?"

남편은 예수님의 질문에 이렇게 대답했다.

"주여! 살려 주세요. 저를 당신의 도구로만 사용해 주세요! 할 수 있거든 주님 뒤편의 양 떼들을 제게 맡겨 주소서!"

그때 좌우의 두 천사가 예수님 곁으로 다가왔는데 날개는 여섯이고, 그중 제일 위의 두 날개는 하늘을 향해 펼쳐져 있어서 온 하늘을 덮는 듯했고, 가운데 두 날개는 우주를 향해 빛나고 있었으며, 제일 아래 두 날개는 온 땅을 덮은 듯했다.

왼쪽에 있던 천사는 두루마리로 된 책을 들고 있었고, 오른쪽의 천사는 은색에 금빛이 감도는 아름다운 대접을 들고 있었다. 예수님이 손을 드시자 오른쪽 천사가 대접을 내밀어 예수님께 드렸다. 그것을 남편의 머리 위에 기름 붓듯 부어 주셨는데 끈적거리지도 않고 마치 밀크캐러멜처럼 부드러웠다고 한다. 그리고 그 순간 갑자기 몸이 가뿐해지면서 입에서 계속 주님을 향한 찬양이 흘러나왔다고 한다. 그러자 예수님이 "내 양 떼를 너에게 모두 맡기니 내 양을 치라"고 하셨다.

그 같은 환상을 본 뒤 남편은 더 이상 피를 쏟지 않게 되었다. 완전한 치유의 역사가 일어난 것이다.

남편의 40일 금식기도는 이처럼 많은 우여곡절을 겪은 뒤 성공적으로 마칠 수 있었다. 하지만 나는 남편의 하산을 앞두고 말 못할 고민에 빠져 있었다. 남편의 보호식을 위한 쌀을 준비하지 못한 것이다. 그날 밤, 나와 샬람이는 집에서 남편의 보호식 쌀을 위해 간절하게 기도했다. 그런데 전혀 알지 못하는 사람한테서 전화가 걸려 왔다.

"여보세요! 거기가 김종필 선교사님 댁인가요? 집이 어딘지 주소를 우리 아들에게 말씀해 주세요."

사연을 들어 보니 그야말로 눈물이 앞을 가렸다. 며칠 전 시어머니와 통화하면서 남편의 보호식 쌀을 위해 기도 부탁을 드렸다. 어머니는 아들이 너무 걱정되어 무작정 쌀을 갈아서 중풍의 불편한 몸을 이끌고 김포공항으로 달려가셨다. 그리고 말도 똑바로 못하시는 분이 지나가는 사람들을 향해 큰 소리로 울부짖으셨다.

"여러분! 누가 필리핀 가시나유! 우리 아들이 40일 금식을 오늘까지 마치고 내일 보호식을 해야 하는디, 쌀이 없다네유! 지발 필리핀에 가시는 분이 계시므는 도와주세유!"

특유의 사투리로 절규하듯 외치는 시어머니의 소리를 어느 권사님이 들으셨다.

"저 주세요, 어르신! 제 아들이 필리핀 마카티 Makati에 이민 가서 살고 있는데 잠시 놀러 가거든요. 저도 교회 권사입니다. 주소는 갖고 오셨나요?"

"아이구! 감사합니다. 주소는 없구유! 여기 전화번호가 있어유!"

이렇게 해서 하나님은 또 하나의 기적을 일구셨다. 다음날 아침 남편의 보호식 쌀이 그날 저녁 10시가 넘어서 무사히 우리 집에 도착했다. 그 늦은 밤 잘 알지도 못하는 사람을 돕고자 물어물어 찾아온 이름 모를 권사님께 다시 한 번 감사를 드린다.

다음날 아침, 남편은 교회 청년들의 손가마를 타고 기도원을 무사히 하산했고 집에 돌아와 그 기적적인 보호식 죽을 먹을 수 있었다.

하지만 산 너머 산이라던가. 기도원을 내려온 며칠 뒤 남편의 상태가 이상했다. 온몸이 불덩이처럼 뜨거워지더니 뎅기열에 걸린 것이다.

뎅기열은 뎅기 바이러스를 가지고 있는 모기를 통해 전염되는 병인데, 아마도 열악한 기도원 환경 탓인 듯했다. 이 뎅기열로 마닐라 한국아카데미에서 공부하던 학생이 몸이 풍선처럼 부풀어 올라 죽은 일도 있었다. 그때 얼마나 많은 선교사들이 자신의 자식이 죽은 것처럼 슬퍼했던가?

보호식 쌀조차 살 돈이 없는 형편에 병원에 입원할 돈이 어디 있겠는가? 남편의 몸이 점점 차갑게 식어 갔다.

'대체 나와 샬람이는 어찌 살라고! 또 양 떼들은 어쩌라구…!'

주일 새벽, 나는 남편 옆에서 밤을 꼬박 새웠다. 남편은 비록 오늘이 주일이지만 너무 힘드니 제발 집에서 쉬게 해달라고 간청했다.

"여보! 나 정말 힘들어. 오늘은 당신이 설교해 줘."

그러나 주님은 "죽더라도 교회에서 죽어라. 네 남편을 교회로 옮겨라!"고 명령하셨다. 서둘러 교회에 가서 청년 네 명과 함께 대나무 두 개로 들것을 만들고 그 위에 담요를 깔아 남편을 싣고 교회로 갔다. 남편은 내가 나간 사이 '오늘 하루는 집에서 쉬겠구나!' 하고 하나님께 감사기도를 드렸는데, 내가 들것을 가져오니 몹시 실망하는 얼굴이었다.

40일 금식하다 한국 선교사가 죽었다는 소문이 돌았는지 마을 사람들이 구경하러 몰려들었다. 숫자를 세어 보지는 않았지만 족히 200명은 되어 보였다. 성탄절 때보다 더 많은 숫자였다. 그렇게 전도해도 교회에 나오지 않던 술주정뱅이 아프릴April 형제도 교회 창문으로 남편을 안타깝게 쳐다보았다.

남편은 감동을 받았는지 계속 눈물을 흘렸다. 나중에 그 눈물의 의미를 들어 보니 이랬다.

'정말 저 인간이 내 아내인가? 내가 저렇게 독한 여인과 그동안 함께 살았단 말인가?'

그 눈물은 다름 아닌 내가 밉고 원망스러워서 흘린 눈물이었던 것이다. 사실 나는 그때 반 미친 사람 같았다. 40일의 힘든 금식, 어렵사리 구한 보호식, 그리고 뎅기열! 그래, 그때는 하나님께 미쳤다고 해 두자. 나는 하나님이 반드시 남편을 또 다른 기적으로 살리실 것을 믿었다.

예배는 그야말로 초상집 분위기였다. 60세의 토니Tony 집사가 손수건으로 눈물을 훔치며 사회를 보았다. 드디어 남편이 설교할 시간이었다.

"죽었나 봐! 아이구 어쩌나."

여기저기서 사람들이 웅성거렸다. 나는 신학생 츌로 형제와 롤리 형제에게 남편의 오른팔과 왼팔을 붙들게 해서 남편을 강대상 앞에 세웠다. 청년들은 마치 모세를 도운 아론과 훌 같았다. 남편은 강대상 앞에서 하염없이 울다가 마침내 입을 열었다.

"여러 성도님들, 정말 감사드립니다. 제가 여러분께 드리고 싶은 말씀은 '하나님께 감사드리자'입니다."

그런데 그 순간 기적이 일어났다. 강대상에 설 때만 해도 츌로 형제와 롤리 형제의 부축을 받아야 했던 남편이 차츰 강대상에 기대어 손을 잡고 서더니 갑자기 껑충껑충 뛰기 시작한 것이다. 남편의 온몸을 휘감은 열꽃도 사라졌고 뎅기열에서도 완전히 자유해졌다. 하나님이 치료해 주신 것이다.

설교는 힘이 넘쳤고, 죽은 자가 살아났다고 창문 밖에서 구경하던 사람들이 놀라서 성전 안으로 들어왔다. 여기저기서 들려오는 이 한 마디, "마이 미라글로!" 기적이여!

남편은 어디서 그런 힘이 나는지 뛰면서 설교하기 시작했고, 그 순간 하나님은 남편에게 고린도전서 12장의 아홉 가지 은사를 더하여 주셨다. 특별히 신유의 은사와 예언의 은사를 강하게 주셨다. 그날 30년 동안 병명을 알 수 없는 피부병을 앓던 자매가 손을 대고 기도한 것도 아닌데 깨끗하게 고침을 받았다.

"사랑을 추구하며 신령한 것들을 사모하되 특별히 예언을 하려고 하라 방언을 말하는 자는 사람에게 하지 아니하고 하나님께 하나니 이는 알아듣는 자가 없고 영으로 비밀을 말함이라 그러나 예언하는 자는 사람에게 말하여 덕을 세우며 권면하며 위로하는 것이요" 고전 14:1-3

우리는 예언을 앞날의 길흉화복을 미리 말하는 것으로 생각한다. 영어로 'Prophecy'는 '미래의 일을 미리 말하기'와 '내일 일을 미리 말하기'와 동의어로 쓰인다. 구약의 '예언'에도 미래에 대한 뜻이 전혀 없는 것은 아니나 대부분 메시아의 오심에 초점이 맞추어져 있었다. 또한 구약의 선지자들은 당대 사람들이 회개하고 메시아의 오심을 대망하도록 하기 위해 예언을 했다.

신약 성경에도 성령의 9가지 은사 가운데 하나로서 예언의 은사가 언급되어 있다. 하나님은 내게 "참 예언은 하나님의 말씀을 가감하지 않고 바로 전하는 것"이라고 말씀하셨다. 성경에서 예언陳言은 한자의 풀이처럼 '맡기신 말씀'이란 뜻이다. 성경의 예언은 본질적으로 '현재'와 '미래'를 위해 주시는 하나님의 말씀이다. 그리고 성경이 말하는 예언은 반드시 성취된다.

권총 강도가 들다

예수님은 우리가 한 알의 밀이 되어
평생을 헌신할 양들을
양육할 것을 부탁하셨다.

나는 한 사람의 선교사가 많은 교회를 개척하는 것보다 한 교회를 개척해서 성장시키고 거기에서 수십, 수백 명의 현지인 일꾼을 키워서 필리핀뿐 아니라 해외 선교까지 감당케 하는 것이 바른 선교라고 생각한다. 안디옥 교회가 성장한 다음 유럽 복음화에 큰 기여를 한 것과 마찬가지 원리다. 많은 건물, 많은 장비, 넓은 땅을 사는 것보다 더 중요한 것은 마땅히 자신의 생명까지 드려 주님을 위해 헌신할 참된 그리스도인을 양육하는 것이다. 아무리 교회 건물이 크고 좋은들 헌신할 일꾼이 없다면 사상누각이 아니고 무엇이겠는가?

일꾼을 키우는 일은 교회를 개척하는 것처럼 눈에 띄지 않지만 주님이 친히 행하신 참된 사역의 모범이라고 생각한다. 지금 당장 눈에 보이지 않지만 '한 알의 밀'이 되어 평생을 헌신할 수십 명의 양을 양육할 수 있다면 얼마 후 상상 이상의 열매를 거둘 수 있을 것이라고 믿는다.

"울며 씨를 뿌리러 나가는 자는 반드시 기쁨으로 그 곡식 단을 가지고 돌아오리로다" 시 126:5

가난한 나라에서 선교를 하다 보면 정말 가슴 아픈 일들을 많이 만나게 된다.

1996년 11월 12일 새벽 2시경, 나자로 안토니오 Nazaro Antonio 자매가 아기를 분만하다가 숨을 거두었다. 평소 몸이 약해 의사가 병원에서 수술로 분만하라고 조언했으나, 병원에 입원할 돈이 없어 집에서 자연 분만하다가 목숨을 잃은 것이다. 불행 중 다행으로 아기는 살 수 있었다.

나자로 안토니오의 유일한 혈육인 동생 출로 형제와 그의 어머니 딘딘 집사의 애곡하는 소리는 우리를 더욱 슬프게 했다. 언제쯤에나 모든 사람들이 절대 빈곤을 벗어나 사람답게 누리며 살 수 있을까? 정말이지 이런 일을 당할 때마다 가슴이 찢어지는 것처럼 아프다.

나는 그 해 말로만 듣던 권총 강도와 맞닥뜨렸다. 1996년 10월 28일 월요일 저녁에 24~25세가량의 건장한 청년이 담을 넘어 우리 집에 들어온 것이다. 당시 방 안에 있던 우리 가족은 무언가 소름 끼치는 소리에 놀랐고, 남편이 방문을 열고 나가자 머리를 짧게 깎은 강도가 권총을 들고 서 있었다. 남편은 청년이 총을 겨누는 순간 재빨리 방으로 들어와 문을 걸어 잠그고 우리에게 소리쳤다.

"엎드려! 강도야! 총을 쏠지 모르니 엎드리라구!"

나와 샬람이는 설마 이 가난한 집에 강도가 들어왔을까 싶어 남편이 장난치는 줄로 알았다. 그러나 남편의 얼굴이 심상치 않았다. 나는 재빨리 창문을 열고 옆집에다 대고 젖 먹던 힘까지 내서 소리쳤다.

"도와주세요! 도와주세요! 도와주세요! 강도가 들어왔어요! 총도 가지고 있어요!"

다행히 옆집에서 내 말을 알아듣고 경찰에 연락을 했고, 10~15분 후에 경찰이 출동하자 강도는 놀라서 도망쳤다. 그런데 한 달도 안 돼 강도가 또 들어왔다. 그때는 남편이 집에 없어서 문을 잠근 뒤 남편이 있는 것처럼 연기하며 크게 소리쳤다. 아마도 남편이 강도의 얼굴을 봐서 남편을 죽이러 왔을 것이라는 게 주변 사람들의 공론이었다.

"여보! 그때 그 도둑이에요! 당신도 총 가지고 오세요!"

평소 집회에 가면 연극을 해서 내가 쩌렁쩌렁한 발성법이 된다는 게 이렇게도 감사할 줄 몰랐다. 나의 큰 목소리에 강도가 놀라서 이번에도 도망갔다.

필리핀은 미화 200달러면 작은 권총을 휴대할 수 있다. 그런데 그해 유난히 외국인을 상대로 강도 사건이 자주 일어났다. 심지어 강간과 함께 돈을 갈취하고 죽이기까지 했다.

하나님께서 우리 가족이 아직 더 해야 할 사명이 있기에 여러 번의 위험한 위기에서 살려 주신 것이라 믿는다.

"주여! 그 권총 강도의 영혼까지도 구원하여 주옵소서!"

> "여러 번 여행하면서 강의 위험과 강도의 위험과 동족의 위험과 이방인의 위험과 시내의 위험과 광야의 위험과 바다의 위험과 거짓 형제 중의 위험을 당하고 또 수고하며 애쓰고 여러 번 자지 못하고 주리며 목마르고 여러 번 굶고 춥고 헐벗었노라" 고후 11:26-27

주님은
대형 교회 목사가 되고
좋은 집에 살며 수많은 양을 치는
큰 교회 건물을 세우는 것이 아니라
버려진 한 영혼을 위해 죽을 수 있는
종을 찾고 계십니다.

예수께서 대답하여 이르시되
바요나 시몬아 네가 복이 있도다
이를 네게 알게 한 이는 혈육이 아니요
하늘에 계신 내 아버지시니라
또 내가 네게 이르노니
너는 베드로라 내가 이 반석 위에 내 교회를 세우리니
음부의 권세가 이기지 못하리라

마태복음 16장 17-18절

천국 열쇠의 비밀 3
믿음으로 시작하라

믿음으로 가는 길엔 두려움이 없다

오직 믿음 하나로 시작된
건축

성도들은 오직 믿음 하나로
성전 건축에 힘썼다.

작은 자를 들어 쓰셔서 큰 자를 부끄럽게 하시고, 미련한 자를 쓰사 세상의 지혜로운 자를 부끄럽게 하시는 하나님의 역사를 나는 늘 사역을 통해 경험하고 있다. 가난한 바토바토 마을에서 하나님은 잠자는 영혼을 소생시키시고 세상에서 버림받은 영혼을 당신의 자녀로 삼으셨다.

주님의 명령에 따라 특별히 훈련한 아이들이 고등학교를 졸업하고 그들 중 8명이 신학교에 입학하게 되었다. 이제 신학교 2학년이 된 출로 형제를 비롯해, 탈림 Talim 섬 출신의 릴리아와 네스토, 비난고난의 부둣가 출신인 노르나와 그녀의 동생 아일린, 사붕안 Sabungan 출신의 롤리와 안티폴로에 사는 조이 Joy, 그리고 60세가 넘은 나이에 신학을 시작한 그의 아버지 토니 집사가 그들이다.

주일학교는 조이와 노르나, 아일린, 릴리아 자매를 유아부, 유치부, 유년부, 초등부의 리더로 세우고 고등학생 12명을 보조교사로 돕게 했다. 그리고 신학교에서 훈련받은 이들에게 그동안 3년 넘게 내가 가르치던 교사 교육을 하게 했다. 유창한 타갈로그어로 교사 교육을 하게 됐으니 이보다 더 기쁜 일이 있을까 싶다.

출로와 롤리 형제에게는 청소년들을 맡겼다. 매주 토요일 오후 3시에 1부 예배를 드린 뒤 2부로 농구대회와 전도대회 등 다양한 프로그램을 진행했다.

한편, 주일 오전 10시 예배를 마치면, 새신자반은 출로 형제가, 초급반은 미얀마에서 온 대학원생인 반 누웨 Vaan Luwe 가, 중급반은 토니 집사가, 그리고 고급반은 남편이 직접 성경공부를 인도했다. 교재는 남편이 그동안 틈틈이 준비한 것으로 사용했다.

또한 교회 사역의 활성화를 위해 7명의 집사를 임명했다. 고령의 마리아와 프리미티바, 딘딘, 델리아, 페드릭코 Pedricko, 토니, 마틴 집사 이렇게 7명이다.

한편, 여선교회를 체계적으로 조직해서 교회 청소와 심방, 전도, 음식 준비 등을 맡겼다. 여선교회는 지금까지 매주 토요일 오후 2시에 모여 심방과 전도를 나가고 있다.

한알의밀알교회는 잔금을 모두 지불하는 데 1년의 시간이 걸리긴 했으나 1997년에 교회 부지의 땅 주인한테서 1,800m²약 550평를 샀다. 오정성화교회와 금란교회 등 많은 교회에서 헌금해 준 덕분이다. 성도들은 가난하지만 '시멘트 한 포대씩 작정 헌금', '벽돌 작정 헌금', '모래와 자갈 작정 헌금' 등을 했고, 특별히 사라 자매는 결혼할 때 쓰려고 모아 둔 결혼 자금 전부와 금목걸이를 헌금해서 모두에게 잊을 수 없는 감동을 안겨 주었다. 가진 것이라곤 미싱 한 대가 전부인 예피Yepi 자매는 옷을 수선해서 생계를 이어 가는 가난한 성도인데, 틈틈이 모아 둔 돈으로 강대상 앞에 아름다운 커튼 휘장을 직접 만들어 기증했다. 과부의 두 렙돈처럼 사랑으로 헌신한 모든 성도들의 가정에 하나님께서 놀라운 복으로 채워 주시리라 믿는다.

우리는 1997년 8월부터 불도저와 포크레인을 하루 8시간씩 빌려 산허리를 깎아 평탄하게 하는 작업을 2주에 걸쳐서 했다. 마침 우기 때라 비가 오면 땅이 질척해져 불도저와 포크레인도 소용이 없었다. 우리는 양 손을 들고 하늘을 향해 제발 2주간만 비가 오지 않게 해달라고 기도했다. 참으로 놀라우신 하나님은 우리 지역에만 비를 피하

모든 성도들이 한마음 한뜻으로 교회를 건축했다.
"할렐루야 그의 성소에서 하나님을 찬양하며
그의 권능의 궁창에서 그를 찬양할지어다!"

게 하셔서 2주간 무사히 포크레인 작업을 마칠 수 있었다. 다른 지역은 물론 바토바토 마을 바로 옆 동네인 골든시티 Golden City 에도 비가 내렸으니, 이 어찌 기적이 아닐 수 있겠는가.

남편은 신학생들과 함께 먼저 삽, 곡괭이 등의 물건을 넣는 창고를 만들었고, 목수인 토니 집사와 미장인 마틴 집사는 땅 주변의 옹벽 공사를 했다. 나와 여자 성도들은 커다란 드럼통에 냇가에서 길어 온 물을 부어 공사 중에 필요한 물을 공급했다. 당시는 수도가 없어서 큰 물차 필리핀은 물이 귀해서 물을 사서 사용한다 가 오면 드럼당 1페소에 물을 사야 했는데, 우리는 그 돈을 아끼기 위해 머리에 수건을 덮어 쓰고 땀을 뻘뻘 흘리며 물을 길어 온 것이다. 하지만 교회에서 무보수로 일하는 아버지들을 볼 때마다 마음이 무거웠다. 일해서 돈을 벌지 않으면 식구들이 모두 굶어야 하는 것을 알기 때문이다.

신학생 토니 집사는 주일에 남편이 설교하고 나면 언제나 틀린 타갈로그어를 종이에 적어서 지적하기로 유명한 사람이었다. 그런 그가 남편의 40일 금식 이후, 성령의 불을 받고 변화되어 남은 인생을 전도자로 드리겠다고 서원했다. 그런 토니 집사의 집에 쌀이 떨어져 온 식구가 굶게 되었다. 마침 남편과 나는 깊은 기도 중에 있었는데 하나님께서 쌀 한 가마니를 토니 집사 집 앞에 갖다 놓으라고 하셨다. 모두가 잠든 시각인 새벽 3시에 우리 부부는 토니 집사의 집 앞에

토니 집사가 신학교를 졸업했을 때
우리 교회는 그를 위해 잔치를 열었다.
그는 한때 우리를 힘들게 했지만
성령의 불을 받고 변화되어
귀한 사역자로 쓰임 받고 있다.

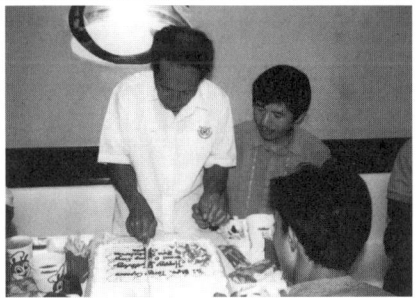

쌀 한 가마니를 가져다 놓았고, 다음날 쌀을 발견한 토니 집사는 감격과 기쁨으로 춤을 덩실덩실 추었다. 그리고 그날 저녁 수요예배 때 토니 집사는 이렇게 간증했다.

"여러분, 놀라지 마십시오! 오늘 우리 집 앞에 하늘에서 쌀 한 가마니가 떨어졌습니다. 하나님께서 천사를 통해 우리 집 앞에 갖다 놓으신 겁니다."

말을 잇지 못하고 흐느끼는 토니 집사를 보며 우리는 모두 한마음으로 기뻐했다.

밤 11시가 넘었는데 누군가 우리 집 문을 두드렸다. 이 늦은 밤에 대체 누굴까?

"누구세요?"

물어도 대답은 없고 계속 문만 두드렸다. 남편이 천천히 문을 열자, 신학생 중의 한 명인 노르나 자매가 울며 서 있었다. 언제나 열심히 기도하고 특별히 노래를 잘하는 성실한 자매였다. 얼마나 울었는지 몰골이 말이 아니었다.

"무슨 문제가 있니?"

남편이 물어도 자매는 한참을 울기만 했다. 그러더니 마침내 어렵게 입을 열었는데 정말이지 너무나 충격적인 얘기를 듣게 되었다.

어려서부터 친오빠한테 상습적으로 성폭행을 당했다는 것이다. 이미 결혼해서 조카를 셋이나 둔 오빠는 올케가 집을 비우자 또 겁탈하려 해서 도망쳐 나왔다고 했다. 선교사님은 '순결한 삶'을 강조하셨는데 이미 더럽혀진 몸을 어떻게 해야 하느냐며 울부짖었다. 그날 밤 차도로 뛰어들어 자살하려는데 성령님이 "죽기 전에 너희 목사님을 만나라"고 하셔서 창피함을 무릅쓰고 찾아왔다고 했다. 우리는 따뜻한 물을 끓여서 먹이고, 위로와 격려의 말로 마음을 진정시킨 뒤 기도해 주고 집으로 돌려보냈다.

"그런즉 누구든지 그리스도 안에 있으면 새로운 피조물이라 이전 것은 지나갔으니 보라 새 것이 되었도다" 고후 5:17

그날 밤, 우리는 우선 여자들을 보호해야겠다고 마음을 모았다. 노르나 자매의 오빠라는 사람은 교회에 한 번도 빠지지 않는 성실한 성도였다. 그의 아내와 부모도 교회 일에 열심인 사람들이었다.

다음날, 우리는 교회 안에 작게나마 숙소를 만들기 시작했다. 그리고 나는 다른 여자 신학생들과 주일학교 교사 중 자매들과 1:1 상담을 했다. 참으로 충격적인 사실은, 새아빠와 옆집 아저씨, 친오빠, 삼촌한테서 겁탈을 당하는 것은 물론 동성인 옆집 언니한테도 성폭행을 당한 자매가 있다는 것이다. 심지어 일곱 살 어린 나이 때부터 겁탈을 당했다는 자매도 있었다. 무엇보다 이들을 집으로부터 격리시키는 것이 시급했다. 이러다가 임신이라도 하면 어쩐단 말인가? 여자 신학생들부터 부모님의 양해를 구하고 아직 미완성 숙소지만 교회 안에서 기숙하게 했다.

그날 밤 삶을 비관해 자살하려던 노르나 자매는 신학교 졸업 후, 목사 사모가 되었고 초창기 남편의 사역지였던 팜팡가 지역으로 파송 받아 선교사로 나갔다. 지금은 벌써 세 아이의 엄마로 아름답게 사역을 감당하고 있다.

남편은 매 주일 "회개하라! 너희 몸은 거룩한 성전이노라"를 외쳤다. 디모데후서 3장 16절 말씀처럼 하나님의 말씀은 '교훈'과 '책망'과 '바르게 함'과 '의'로 교육하기에 유익했다. 성도들은 심령을 쪼개는 교훈의 말씀과 훈계, 책망으로 눈물을 쏟아냈고, 교회는 '회개 운동'이 일어났다. 이렇게 교회가 뜨거워지자 1998년 4월 20일부터 새벽예배와 매일 저녁 6시 30분에 '저녁기도회'를 가지기 시작했다. 이렇게 새벽에 일어나 기도로 시작하고 저녁에도 기도로 마무리하자, 성도들은 교회에서뿐만 아니라 삶에서도 '하나님 중심', '교회 중심', '성결한 삶'으로 변화되기 시작했다. 남편은 불을 토하듯 매일 신구약을 강해 설교로 가르쳤다.

"주여! 우리 성도들 각 가정의 삶을 변화시켜 주옵소서!"

> "그런즉 사랑하는 자들아 이 약속을 가진 우리는 하나님을 두려워하는 가운데서 거룩함을 온전히 이루어 육과 영의 온갖 더러운 것에서 자신을 깨끗하게 하자" 고후 7:1

하나님의
특별 보너스

구하라, 주실 것이요,
찾으라, 찾을 것이요,
두드리라, 열릴 것이다.

미얀마 사람 반 누웨 형제가 신학대학원 과정을 마치고 목사 안수를 받자, 우리 교회는 1998년 4월 19일 그를 첫 해외 선교사로서 미얀마에 파송했다.

1998년은 IMF로 인해 한국 경제가 최악의 상태였다. 그로 인해 한국 교회도 어려워졌고 덩달아 선교지 사정도 급격히 나빠졌다. 원화가 하락하면서 자녀들의 교육비조차 감당하기 힘들어지자 선교사들이 하나둘 짐을 싸 고국으로 돌아갔다. 고국을 위해 우리가 할 수 있는 것이라곤 기도밖에 없었다. 그런 중에도 성전 건축은 중단 없이 진행되었다.

7년째 된 사왈리 교회는 흰개미가 기둥까지 갉아먹은 상태로 교회 건축을 서둘러야 했다. 우선 급한 대로 교회 입구 쪽에 벽돌을 쌓아 올려 예배 처소를 마련하기로 했다. 특별히 오정성화교회는 IMF로 사정이 여의치 않은 상황에서도 우리 교회가 어려울 때마다 은행 융자까지 받아서 도움을 주었다. 오정성화교회와 이주형 목사님의 따뜻한 사랑과 격려는 우리에게 늘 깊은 위로와 힘이 되었다.

"너희 안에서 착한 일을 시작하신 이가 그리스도 예수의 날까지 이루실 줄을 우리는 확신하노라" 빌 1:6

어렵고 바쁜 사역 중에도 남편은 한동대학교 교목이신 김영련 목사님의 초청으로 한동대학 교회에서 설교를 하는가 하면, 한국 교회들과 일본 교회, 미얀마에서 집회를 인도했다.

1998년 10월, 필리핀을 휩쓸고 간 태풍 '제브'가 온 나라에 피해를 입히더니 다시 태풍 '밥스'가 3일 동안 루손 섬 전체를 폭풍과 먹구름으로 뒤덮고 수백 명의 목숨을 앗아 갔다. 다시 한 번 두렵고 떨린 마음으로 성도들과 함께 폭풍의 굉음 속에서도 매일 새벽기도회와 저녁기도회를 가졌다.

주변의 많은 선교사들이 필리핀의 민족성은 끈기가 없어서 처음에만 반짝하고 나중에는 우리 가족만 남게 될 거라고 말했다. 하지만 현실은 그분들의 이야기와 달랐다. 폭우와 폭풍 속에서도 성도들은 기도를 쉬지 않았고, 21일, 50일, 100일의 '특별새벽 여리고행진' 새벽 4시 15분에 드리는 예배과 아침 금식, 매일저녁기도회에 빠지지 않고 참석했다.

남편과 나는 안식년도 없이 달렸다. 개척한 교회를 섬기는 것은 물론이고 틈틈이 인도, 러시아, 태국, 인도네시아 등 세계 각지를 다니며 말씀을 전했고, 선교사 훈련을 위해서도 헌신했다. 뿐만 아니라 마닐라한국아카데미에서도 역할을 담당했다.

그즈음 자동차가 있으면 좀 더 기동성 있게 움직일 수 있겠다는 생각을 했다. 그런데 때마침 하나님은 우리에게 귀한 선물을 주셨다. 오정성화교회의 이주형 목사님이 하나밖에 없는 아들 이삭의 대학 등록금 적금을 해약하여 승용차를 헌물해 주신 것이다. 그 누가 이런 감격을 알겠는가? 차가 없어서 불볕더위를 뚫고 얼마나 걸어다녔던가? 폭우가 몰아치는 장마철에는 특히 어린 딸 샬람이가 입술이 새파랗게 질려서 물에 빠진 생쥐 꼴이 되어 얼마나 고생을 했던가? 정말 귀한 선물이었다. 그 당시 최고로 좋다던 그랜저나 벤츠도 우리 차와

비교할 수 없었다.

하나님은 여기에 보너스로 선물 하나를 더 주셨다. 최신형 컴퓨터를 주신 것이다. 남편이 집회를 위해 일본에 갔다가 돌아오는 길에 한국에 잠시 들러 교보문고에서 책을 몇 권 샀단다. 그런데 계산하는 점원이 경품권 추첨이 있다면서 10개의 상품권을 적어서 박스에 넣으라고 알려 주었다. 1등에게는 최신형 컴퓨터가 상품으로 증정된다고 했다. 남편은 설마 하면서 10개 다 쓰지 않고 하나만 써서 박스에 넣었고, 공교롭게도 그것이 당첨되어 필리핀까지 컴퓨터를 가져온 것이다. 나와 남편보다 샬람이가 학교 숙제를 하려면 컴퓨터가 필요했던 터라 가장 기뻐했다.

"구하라 그리하면 너희에게 주실 것이요 찾으라 그리하면 찾아낼 것이요 문을 두드리라 그리하면 너희에게 열릴 것이니" 마 7:7

천사의 손

남편은 건축 현장을 직접 감독하다 큰 사고를 당했다.
그 순간 하나님의 손이 남편을 살렸다.

1999년 5월, 한국의 경제가 조금씩 호전되고 있다는 소식을 접하고 진심으로 하나님께 감사드렸다.

"세계 선교에 적극 동참하는 한국 교회가 되게 하소서!"

필리핀 역시 동아시아를 휩쓸고 간 경제 위기 속에서 연예인 출신의 조셉 에스트라다 Joseph Estrada 행정부가 새롭게 출범했으나 당초의 우려와 걱정대로 부정부패뿐 아니라 경제적으로 어려움을 겪고 있었다.

보통 11월 말부터 시작되어 그 다음해 5월 말이나 6월 초에는 끝나는 무더운 건기가 예년과는 달리 매일 하루에 한 번씩 비가 내려 마치 우기를 연상케 하는 이상 기온 현상을 보였다. 비 때문에 예년과 같은 혹서는 아니더라도 직사광선으로 내리쬐는 태양 빛은 온 대지를 뜨겁게 데웠다.

1999년 2월 14일, 우리 교회 성도인 지나 자매가 담낭암으로 주님 나라에 갔다. 더욱 안타까운 것은 그녀가 임신한 아기가 7개월 만에 수술로 태어났으나 8일 만에 숨을 거두었다는 사실이다. 사실 우리 가족은 지나 자매가 이미 5세, 4세, 2세의 아이를 둔 상태라 태어난 아기를 입양할 계획이었다.

반면에 기쁜 소식도 있다. 총학생회장까지 하며 우수한 성적으로 공부하던 촐로 형제가 4년의 신학 과정을 마치고 졸업한 것이다. 롤리 형제 역시 3년 과정인 악솜신학교를 졸업하게 되었다. 촐로 형제는 전도사로 임명받아 필리핀에서도 오지인 루손 섬 최북단 산악 지대인 갈링가, 아파야오로 파송되었다. 그곳은 미전도 부족인 '바사오 Bazao 부족'이 사는 곳이었다.

촐로는 남편과 내가 바토바토 마을에 와서 사왈리 교회를 세우고 예배를 드릴 때부터 돌멩이를 던지며 예배를 훼방하던 청년이었다. 필리핀의 대표적 이단 교회인 이글레시아 크리스도 Iglesia Cristor 교회의 열성분자이기도 했다. 그의 아버지는 이딱 Itak이라는 큰 칼을 들고

와 남편을 죽이려다가 귀신이 떠나가는 역사를 눈앞에서 목격했다. 개신교회에 지극히 적대적이던 촐로는 창문 너머로 복음의 메시지를 엿듣고는 눈에 살기가 등등하던 심령이 변화되어 교회 마당을 나서는 우리 부부에게 무릎을 꿇고 용서를 빌었고, 그날 예수를 구주로 영접했다. 그렇게 변화된 그가 이제는 선교사로 파송된 것이다.

롤리 형제 역시 탈림 Talim 섬에 선교사로 파송되었다.

나는 1999년 4월 6일 MPTS Manila Presbyterian Theological School: 마닐라 장로교 신학교에서 열린 교사 강습회에 초청되어 '성대 묘사법'과 '인형극 공연' 등을 필리핀 교사들에게 지도했다.

우리 가족은 1999년 6월에 미얀마에서 사역하는 반 누웨 목사를 방문했다. 반 누웨 목사는 양곤과 근교에 있는 교회와 개혁신학교에서 말씀을 증거하고 가르치는 사역을 하고 있었다. 이른 새벽부터 승려들의 독경 소리가 귓전을 울리고 200만 개가 넘는 거대한 불교 사원들이 도처에 있으며, 부처 앞에서 눈물을 흘리며 기도하는 불심이 깊은 미얀마 사람들을 보면서 참으로 안타까웠다.

"하나님! 미얀마의 영혼들을 긍휼히 여겨 주소서!"

우리는 파코크 교회 Pakokkou Church에서 그 지역 연합으로 감격스러운 주일예배를 인도하는가 하면 나병촌을 방문해 복음을 전하기도 했다. 특히 미얀마의 등불 아도니람 저드슨 Adoniram Judson이 감옥에 갇혔

다던 그 자리에 기념교회가 들어서서 얼마나 감사한지 모른다. 고난과 형극의 세월을 보낸 위대한 선교사의 삶이 가깝게 느껴지던 순간이었다.

반 누웨 목사는 미얀마 양곤에서 신학교 교수로 말씀을 가르치는 동시에 나병촌 교회에서 복음을 증거하고 있었다. 그는 우리에게 99.9%에 달하는 불교도 지역에 새로운 사역과 지도자 훈련을 할 수 있게 기도해 달라고 요청했다.

1999년 7월, 한알의밀알교회 건축은 아주 느리게 진행됐다. 그동안 몇 번의 우기를 지났고, 남편과 나는 우기 때면 녹슨 철근들에서 녹물이 흘러내리는 것을 보고 몹시 침통해했다. 그렇다 보니 철근에 녹물이 흘러서 매해 페인트를 새롭게 칠해야 했다.

천둥, 번개가 유난하게 치며 비가 쏟아지던 어느 새벽이었다. 교회가 걱정되어 도저히 잠을 이룰 수가 없었다. 새벽 3시쯤 교회 건축 현장으로 향했다. 그런데 성전 끝 귀퉁이에서 흰 옷 입은 누군가가 녹슨 철근들을 만지고 있었다. 남편과 나는 눈을 비비며 다시 확인했지만, 그분은 틀림없이 예수님이었다. 예수님도 우리처럼 안타깝게 성전 철근 기둥을 붙잡고 기도하고 계셨다. 얼굴엔 눈물인지 빗물인지 흘러내렸다. 우리가 다가가려는 순간 예수님은 사라지셨다.

모든 장애와 난관에도 거북처럼 느리게 성전 건축은 계속되었다.

주변의 선교사들은 어떻게 후원자도 없이 단지 믿음 하나로 교회를 건축하냐고 걱정을 많이 했다. 하지만 기진맥진해서 더 이상 나아갈 힘조차 없는 중에도 우리는 하나님만 바라보며 믿음으로 조금씩 전진을 계속했다. 헌금이 들어오면 공사를 진행했다가 없으면 즉시 중단하는 식으로 2층 바닥 공사와 벽돌 작업, 종탑 철근까지 기적적으로 올라갔다.

1999년 11월, 새벽예배 후 우리는 집으로 돌아왔다. 남편은 마닐라 한국아카데미의 교목이어서 교회 공사장에 가기 전에 오전 채플 예배와 교사 기도회를 인도하러 학교로 향했고, 나는 피곤하여 잠시 눈을 붙였다. 그런데 꿈인지 생시인지 꿈속에서 남편이 운전 중인데, '일방통행'이라는 표지판이 보이는데도 못 보고 그냥 지나쳐 갔다. 그때 4.5톤 트럭이 급히 내려왔고, 남편은 그 차를 피하려고 후진하다가 커다란 전봇대에 부딪쳐 그 자리에서 즉사했다. 그리고 남편이 빛으로 둘러싸인 영혼이 되어 나를 찾아와 말했다.

"여보, 미안하오! 나는 지금 영원히 떠나오!"

깜짝 놀라 일어나 보니 다행히 꿈이었다. 그러나 불길한 예감이 들어 서둘러 교회에 전화했다.

"여보! 오늘 하루는 운전도, 공사장 일도 제발 조심하세요! 제가 이러저러한 꿈을 꾸었어요!"

남편은 걱정 말라고 했지만 자꾸 불안한 마음이 들어 아침을 금식하며 전심을 다해 기도했다. 그리고 다시 교회에 전화하는데 방금 전까지 멀쩡하던 전화가 고장이 났다. 얼른 아파트 관리 사무실로 가서 전화국에 고장 신고를 했다. 오후 2시 40분이 넘어서야 전화국에서 직원들이 와서 전화를 고치고, 테스트하는 과정에서 한 통의 전화가 걸려 왔다. 아니나 다를까, 교회에서 온 전화였다. 교회 건축을 위해 일하던 알란 형제였다. 그의 목소리가 심하게 떨렸다.

"전도사님! 김 목사님이 2층 종탑에서 떨어지셨어요!"

철재 사다리로 올라가 공사 감독을 하다가 내려오면서 발을 헛디뎌 12m 높이에서 추락했다는 것이다. 전화국 직원에게 제발 나를 교회까지 데려가 달라고 애원했다. 그들은 바쁜 스케줄에도 안타까운 외국인의 눈물의 요청을 뿌리치지 못했다. 전화국 트럭을 타고 나가려는데 그때 마침 우리 아파트에 사는 김태성 선교사님이 들어오고 있었다.

"목사님! 저 좀 빨리 교회까지 태워 주세요! 전화국 직원들은 공무 중이라서요. 우리 목사님이 공사 감독을 하다가 떨어지셨대요."

김 목사님도 바쁘신 듯했으나 나를 교회까지 데려다 주셨다. 교회에 도착하자 인부들이 들것으로 교회 사무실 소파에 남편을 옮겨 놓고 응급처치 식으로 얼음 수건을 머리에 올려놓고 있었다. 나는 도저히 손이 떨려서 운전할 수가 없었다.

"김 목사님! 죄송합니다. 병원까지만 태워 주실 수 있겠습니까?"

어느 부분의 뼈가 어떻게 부러졌는지 모르기에 조심스럽게 남편을 차로 옮겼다. 곧 죽을 것이라는 의료진의 예상과 달리 34번의 X-레이와 CT 촬영 결과 뼈는 한 군데도 금이 가지 않았고, 머리가 조금 깨지긴 했지만 다행히 피가 나와서 뇌진탕은 면했다. 의료진은 내게 남편의 상태를 설명하면서 "미라클! 미라클!"을 여러 번 외쳤다.

작은 병실로 옮긴 후 남편은 울고 있는 나를 보며 입을 열었다.

남편이 2층 종탑에서 떨어졌을 때 바닥에는 온통 철근과 못, 철사 등이 깔려 있어서 매우 위험했다고 한다. 그런데 남편이 바닥에 곤두박질치려는 순간 사람 손의 몇 배나 더 큰 손이 나타나 남편을 마치 어린아이 안듯이 해서 한참 멀리 떨어진 곳인 풀섶이 무성한 흙바닥으로 옮겨 놓았다는 것이다.

그날 저녁, 남편은 점심도 안 먹어 몹시 시장하다고 했다. 내 주머니에는 고작 370페소가 있을 뿐이었다. 게다가 이 중 300페소는 교회에서 차를 가져와 주유비로 써야 해서 70페소밖에 없었다.

"무엇이 드시고 싶으세요?"

"바나나 큐 *바나나를 튀겨 설탕을 발라 놓은 것*가 먹고 싶네요."

그날 저녁기도회를 마치고 교회 성도들이 병원을 찾아왔는데 마리아 집사 손에도, 프리미티바 집사 손에도 모두 '바나나 큐'가 들려 있었다. 이것 역시 작다고 할 수 있지만 하나님의 즉각적인 응답이었다.

흐느끼는 성도들에게 남편은 '천사의 손'을 간증했다. 그러자 남자 성도들이 이구동성으로 말했다.

"제가 증인이에요! 어떻게 이쪽에 떨어져야 할 사람이 저쪽으로 떨어질 수 있겠어요!"

성도들이 돌아가고 나서 시간을 보니 밤 9시 40분이었다. 김태성 목사님께 부탁드리긴 했지만 혼자서 엄마 아빠를 기다릴 샬람이를 생각하니 걱정되었다. 간호사에게 병원비가 대충 얼마나 나오느냐고 묻자, X-레이 촬영을 34번이나 해서 못해도 4,000~5,000페소는 나올 거라고 했다. 주머니에는 고작 370페소밖에 없는데 어떻게 병원비를 낸단 말인가? 나는 급히 메모지에 편지를 쓰기 시작했다.

"꼭 돌아와서 병원비를 갚겠습니다. 죄송합니다. 지금은 정말 돈이 없습니다."

나는 도둑고양이처럼 몰래 남편을 차에 태우고 새벽 1시에 차를 끌고 집에 돌아왔다. 남편을 똑바로 눕힌 뒤 급히 죽을 끓였다. 샬람이는 아빠의 손을 잡고 닭똥 같은 눈물을 흘렸다. 참으로 힘든 하루였다.

새벽 2시에 교회 신학생 6명이 차도 끊긴 길을 걸어서 집까지 왔다. 그들 손에도 역시 '바나나 큐'가 들려 있었다. 남편이 죽은 줄 알고 학교 기숙사에서 한달음에 달려온 것이다. 그들은 마치 친아버지의 가슴에 파묻듯 얼굴을 묻고는 합심하여 기도했다. 그들의 눈에는 하나님을 향한 감사의 눈물로 가득했다.

이렇게 힘든 하루를 보내자 다음날부터 어떻게 소식을 들었는지 동료 선교사들을 비롯해 마닐라한국아카데미 선생님들과 멀리 한국의 목사님들까지 십시일반으로 돈을 모아 주셨다. 다음날, 나는 해결하지 못한 병원비를 갖다 줄 수 있었다.

"사람의 일을 사람의 속에 있는 영 외에 누가 알리요 이와 같이 하나님의 일도 하나님의 영 외에는 아무도 알지 못하느니라" 고전 2:11

당신은 가서 수산에 있는
유다인을 다 모으고
나를 위하여 금식하되
밤낮 삼 일을 먹지도 말고 마시지도 마소서
나도 나의 시녀와 더불어
이렇게 금식한 후에 규례를 어기고 왕에게 나아가리니
죽으면 죽으리이다 하니라

에스더 4장 16절

천국 열쇠의 비밀 4
불가능할 때도 100% 순종하라

절대 못 하는 그것을 순종하라

하나님을 기쁘시게
할 수 있는 일

필리핀 신학생들이 오매불망 고대하던 한국을 방문했다.

　우리 교회가 새벽예배와 저녁기도회로 살아 계신 하나님의 역사가 계속되자 사탄의 방해도 커졌다. 매주 토요일 오후 5시부터 도로를 점령한 마을 사람들이 새벽 4시까지 춤을 추며 예배를 방해한 것이다. 그들은 대부분 동성연애자들로 광란에 가까운 음악을 틀어 놓고 춤을 추는가 하면 심지어 거의 벗은 몸으로 키스까지 서슴지 않았다. 몇몇 믿음이 성숙지 않은 교인들과 어린이들이 유혹당하고 있었다.

　우리 교회는 특별작정기도회와 함께 금식으로 하나님의 역사를 기대했다. 그러던 어느 주일 새벽, 한창 춤판이 무르익어 가는데 돌연 지진이 일어났다. 음악 소리만큼이나 크게 소리를 지르며 광란의 밤을 보내던 사람들이 공포에 질려 뿔뿔이 흩어졌고, 그날 이후 모이는 수가 줄어들더니 급기야 자연스럽게 해체되었다. 하나님께서 하신 일이었다.

2000년 3월 4일, 한알의밀알교회의 릴리아와 노르나 자매가 신학교를 졸업하고 선교지로 파송되었다. 노르나 자매는 팜팡가로, 릴리아 자매는 탈림으로 떠났다. 그들을 이어 노엘 형제가 벧엘신학교에 입학했다.

초창기 신학생들이 졸업하고 선교지로 떠나자, 주일학교는 나사렛대학원을 다니는 사라 자매와 이제 신학교 4학년이 된 토니 집사, 3학년이 된 조이 자매와 린린과 아일린 자매, 신입생 노엘[Noel]이 담당했다. 하나님의 일꾼들이 우리 교회에서 믿음이 자라서 선교지로 떠나는 것을 볼 때마다 얼마나 가슴 뿌듯하고 감사한지 모른다. 내 마음이 이럴진대 하나님의 마음은 어떨 것인가. 마치 갓 심은 묘목이 자라기를 노심초사 기다리다 어느덧 어깨를 나란히 하는 거목으로 자란 것에 감사하듯, 듬직한 믿음의 동역자로 자란 그들을 바라보며 오로지 하나님께만 영광과 감사를 드린다. 이것이 내가 유일하게 하나님을 기쁘시게 할 수 있는 일임을 다시 한 번 깨닫는다.

2000년 2월부터 한 달 남짓 전 교인이 50일 아침 금식과 함께 성전 건축을 위한 여리고행진을 했다. '여리고행진'이란 새벽 4시 15분에 예배를 드리는 것을 말한다. 샬람이는 교회 건축을 위해 3일을 금식했고, 신학생 아일린과 린린 자매는 5일 금식, 사라 자매는 15일 금식을 하며 기도했다.

그 해 4월 고난 주간에는 50여 명의 성도가 오전 9시에서 저녁 9시까지 꼬박 12시간을 교회에 모여 하루 금식과 고난 주간 성경공부, 그리고 기도회를 가졌다. 70세가 넘는 고령의 마리아 집사와 프리미티바 집사도 하루 금식에 동참했다.

그리고 5월에는 전교인 수련회를 가졌다. 1년 중 가장 큰 행사다. 아직 완전히 정돈되지 않은 성전 1층 식당에서 집회를 가졌다. 찌는 듯한 불볕더위에도 아랑곳 않고 집회의 열기는 그 어느 때보다 뜨거웠다. 마지막 날은 갑작스런 천둥 번개로 정전이 되었는데, 희미한 임시 램프를 켜고 마이크도 없이 진행했으나 모두가 성령의 뜨거운 임재를 경험했다.

한편, 우리 교회는 오랫동안 신학생들의 한국 방문을 위해 기도로 준비하고 있었다. 마침내 하나님께서 문을 열어 주셔서 오정성화교회와 은행교회, 장안중앙교회 등이 경비를 후원해 주어 5월 12일부터 19일까지 그토록 소원하던 한국 방문이 이뤄졌다. 그러나 여권 발

노방 전도와 여리고행진을 하는 성도들.
기도와 금식은 우리의 무기다.

급과 비자 승인, 이민국 통과까지 그 여정이 쉽지는 않았다. 롤리 형제와 아일린 자매는 출생증명서가 없어서 변호사를 고용해 새롭게 출생증명서를 만들어야 했다. 신학생 모두가 3일을 금식기도 하며 하나님께 매달렸고, 하나님의 응답으로 조금씩 일이 풀려 드디어 비행기에 오를 수 있었다.

우리는 모두 오정성화교회 성도들 집에서 기거하며 여러 교회와 한동대학교 등을 견학했고, 유람선도 타고 놀이동산에서 즐거운 시간을 갖기도 했다. 신학생들은 이번 방문을 계기로 선교의 비전을 새롭게 세웠고 선교자의 신앙을 배우며 영적 도전을 받기도 했다.

한국으로 가기만 한 게 아니라 한국에서 형제 자매들이 오기도 했다. 한동대학교 제자학교의 형제 자매들은 해마다 2주 동안 우리 교회를 방문했는데, 이번에는 최초의 선교사 자녀 학교인 마닐라한국아카데미 견학과 산악 지역으로 파송된 줄로 선교사의 사역지를 방문했다.

한동대학교 학생들은 타북Tabuk, 피눅푹Pinukpok, 팅라얀Tinglayan에서 두 시간 이상 걸어 올라가는 산악 오지 부족인 수마델Sumadel, 아스라히 금방이라도 떨어질 것 같은 마천루에 있는 발발란Balbalan 등에서 준비해 온 찬양과 연극을 펼쳐 보이며 정말 열심히 전도 여행을 했다. 그리고 마지막으로 원한이 있는 상대 부족의 머리를 잘라 복수하는 것으로 유명한 바사오 부족에 파송된 줄로 선교사를 방문했다. 줄로 선교사는 그사이 그토록 험악한 사람들을 상대로 전도해서 매주 30~40명의 성도를 데리고 예배를 드리고 있었다. 열악한 환경에서도 그곳 부족의 말을 배워 남편의 설교를 통역해 주기도 했다. 가난한 바토바토 마을의 청년이 주님을 만나 담대하게 복음을 전하는 선교사가 되어 이렇게 큰일을 하고 있는 것이다.

필리핀에 와서 사역을 하면서 때때로 '산 넘어 또 산'이라는 생각이 든다. 하지만 그때마다 하나님은 하나님의 섭리와 은혜를 펼쳐 보이시며 고난과 고통의 자리를 이기게 해주셨다. 줄로 선교사나 남편과 나나 앞으로 얼마나 더 많은 눈물과 시련의 골짜기를 통과해야 할지 모른다. 그러나 하나님이 주신 은혜의 맛을 잘 알기에 우리는 주님이 가리키는 푯대를 향해 포기하지 않고 달려갈 것이다.

필리핀은 매년 12월 말이면 곳곳에서 터지는 폭죽과 화약들로 밤잠을 설친다. 우리 교회는 성탄절을 맞아 호산나 성가대와 함께 모든 성도의 집을 돌며 캐럴을 불렀다. 나는 타갈로그어로 연극을 준비해 청년들을 무대에 세웠다. 그동안 연극반을 구성해서 대사 발성법과 몸짓 등 연극의 이론과 실제를 지도해 왔는데, 2000년에는 특히 리살 교도소와 병원, 쿠바오 지역을 돌며 연극 공연을 했다. 제목은 '종들아 들으라'이고 주인공 리디아의 실제 이야기를 다루었다. 대강의 내용은 이렇다.

남편 파블로는 아내 리디아와 병든 아이를 버리고 나이 많은 부자인 수산나와 살림을 차린다. 크리스마스 전날, 파블로는 수산나와 함께 백화점에서 쇼핑을 하다가 거리에서 구걸하는 리디아와 자신의 아이를 발견하게 된다. 그러나 파블로는 냉정하게 외면해 버린다. 초라한 걸인이 된 리디아가 남편을 발견하고 "여보!" 하고 오열하듯 소리를 친다. 그때 품안에 있던 병든 딸이 숨을 거두고 만다. 리디아는 통곡하다 급기야 남편을 칼로 찔러 살해하고 만다. 감옥에 갇힌 리디아는 처음에는 정신분열 증세를 보였으나 신실한 의료 선교사의 도움으로 치유받고, 예수님을 영접하게 된다. 감옥에서 신앙을 갖게 된 리디아는 결국 모범수로 석방되었고, 이후 신학을 공부해 목회자의 길을 가게 된다.

12월 31일, 송구영신예배를 드리는데 교회 밖에서는 마치 전쟁을 방불하는 폭죽이 터졌다. 마닐라 온 시가지를 뒤덮은 화염은 다음날 정오쯤에야 걷힐 만큼 대단했다. 그런 만큼 해마다 사상자가 속출했다. 눈을 다치는가 하면 손과 다리가 잘리기도 했다. 중국과 같은 외세를 큰 폭죽 소리로 물리쳐야 한다는 샤머니즘 전통이 지금까지 이어지고 있는 것이다.

하나님!
절대 이것만은…

"사랑하는 딸아, 네가 가진 것이 무엇이냐?"
"하나님! 제발 이것만은요!"

바람에 실려 온 향긋한 냄새가 코를 간질일 때면 진달래, 개나리가 흐드러진 고향의 흙냄새가 그립다. 강렬한 태양 빛에 살갗이 따가워 저절로 인상이 찌푸려질 때면 소낙비가 쓸고 간 뒤 시원해진 탱자나무 그늘에서 낮잠 한숨 늘어지게 자고 싶다. 정말 간절하게 그러고 싶다.

2001년이 시작되는 봄, 샬람이가 교회 건축과 부흥을 위해 또 3일 금식기도를 하겠다고 했다. 지난달 금식기도를 마친 상태라 그만하겠지 했는데 저녁예배를 마치고 집에 돌아와서 기생충 약을 꺼내 먹고는 빙그레 웃으며 말했다.

"엄마! 하나님께서 내 기도를 잘 들어주시잖아요. 지난번 50일 특별 아침 금식기도 후, 제가 기도한 모든 것을 응답해 주셨잖아요."

다음날 아침, 딸아이는 멋지게 금식을 시작했다. 나는 교회 건축과 부흥을 위해 금식하는 씩씩한 딸을 보며 엄마 체면상 계획에 없던 굶식을 했다. 샬람이는 오전 9시부터 성전 주변을 7번 돌며 기도했다. 나도 딸을 따라서 7번 돌며 기도했다.

그런데 샬람이 갑자기 녹슨 철근을 붙잡고 흐느껴 울기 시작했다.

"하나님! 제발 예쁘고 아름다운 이 성전을 빨리 완성해 주세요!"

"예쁘고 아름다운 이 성전…."

그제야 정신이 번쩍 들었다.

벌써 2주째 공사가 중단되었고, 신학생들의 학비도 내지 못하고 있었다. 교회의 재정 상태가 말이 아니었다. 지금 나를 억누르는 아픔과 고통의 소리여! 샬람의 통곡 소리는 마치 부족한 내 영혼을 깨우치는 어린 양의 울부짖음 같았다. 한참을 성전 모퉁이에 앉아 회개기도를 드렸다. 딸과 경쟁이라도 하듯 두서너 시간쯤 기도했을까? 비로소 기도를 마치고 서로의 얼굴을 바라보는데 한바탕 웃음이 터져 나왔다. 샬람이는 너무 울어서 눈은 밤탱이요, 코는 딸기코가 되었다. 나 역시 화장한 얼굴에 눈물이 흘러 샬람이의 표현에 의하면 세계지도를 그려 놓았다.

첫날의 씩씩했던 샬람이는 둘째 날부터 힘겨워했다. 기도를 하면 할수록 주님은 내게 질문하신다.

"네가 가진 것이 무엇이냐?"

주님은 '이것을 너에게 주겠노라'가 아니라 도리어 '네가 가진 것이 무엇이냐'고 물으시는 것이다.

"사랑하는 딸아! 너희가 가진 것이 무엇이냐?"

금식 마지막 날 저녁, 또 한 번 물으셨다.

"너희가 가진 것이 무엇이냐?"

이제 더 이상 도망칠 수가 없었다.

"주님! 그래요, 현대 엑셀차가 있어요."

7년 넘게 승용차 없이 매연 속에서도, 억수로 쏟아지는 비를 맞으며 걷거나 지프니와 트라이시클을 타고 다녔는데… 그리고 이제 겨우 2년밖에 타지 않았는데….

"주님! 이 차는 결코 편안함만을 위한 것이 아니라 선교 사역에 꼭 필요하다는 걸 아시지요?"

그때 만감이 교차했다. 승용차를 타고 차 안에서 찬송가를 들으며 우리는 우산이 찢기는 폭우 속에서 온몸이 흙탕물로 범벅이 되던 지난날을 보상받듯 얼마나 행복해 했던가. 가장 귀하고 소중한 이것마저 드려야 하는가? 결국 샬람이로 인해 시작된 굶식이 금식이 되었고, 이제 주님의 질문에 대답할 때가 되었다.

"하나님! 차를 팔아 밀린 자재상 외상을 갚고, 신학생들 밀린 등록금 내고, 나머지 재정 문제를 해결하겠어요."

하지만 마음속으로는 정말이지 간절하게 '하나님! 제발 이것만은요!'를 외쳤다. 목요일 아침, 북부 지역 전도 집회를 인도하고 집에 돌아온 남편에게 그간의 일을 설명했다. 침묵하는 남편 역시 나와 같은 마음이다. 남편은 교회에서 기거하며 5일 금식기도를 작정했다.

마리아의 옥합을 깨뜨리듯 아들을 위한 대학 입학 자금을 해약해 우리 부부에게 차량을 헌금해 준 이주형 목사님과 임옥련 사모님께 사정을 말씀드렸더니 다행히도 이해해 주셨다.

그런데 가난한 선교사 가족이 재산 1호로 치부하던 승용차를 팔겠다고 광고하자, 그날부터 가난하기는 매한가지인 성도들이 주머니를 털기 시작했다. 건축 헌금과 무보수 자원 봉사, 금식기도 등 '통곡의 기도'를 드리기 시작한 것이다. 성도들도 우리 가정도 받는 것보다 드리는 기쁨이 얼마나 큰지를 체험하는 시간이었다. 나의 기도가 더욱 다급해졌다.

"하나님! 빨리 자동차가 팔리게 해주세요!"

사역 초기부터 우리 가정에 힘과 격려를 아끼지 않던 이교성 목사님 가정에서 우리의 사정을 아시고 급히 차를 구입해 주셨다. 이교성 목사님 가정은 그동안에도 어려운 주머니 사정을 아랑곳 않고 우리 교회에 건축 헌금을 해주시고 기도로 후원해 주셨다.

이제 나는 폭우가 쏟아지면 온몸에 흙탕질을 하더라도 하나님을 찬양하며 걸어가리라.

"Oh Lord! Let me be a grain of wheat!"

> "비록 무화과나무가 무성하지 못하며 포도나무에 열매가 없으며 감람나무에 소출이 없으며 밭에 먹을 것이 없으며 우리에 양이 없으며 외양간에 소가 없을지라도 나는 여호와로 말미암아 즐거워하며 나의 구원의 하나님으로 말미암아 기뻐하리로다" 합 3:17-18

가족과 생이별을 하다

하나님은 남편을 영국에 보내
미래의 '부흥'을 위한 사역자로 준비시키셨다.

7년 전부터 기도할 때마다 하나님께서 내게 주시는 동일한 음성이 있었다.

"딸아! 네가 이곳에서 담임목회를 하게 될 것이다."

남편이 있는데 왜 내가 담임목회를 하는가? 나는 사모로서 남편의 내조만 잘하면 좋겠는데…. 그런데 2001년 8월 초부터 주님은 내게 "딸아! 너의 남편과 샬람은 영국으로 보내고, 너는 이곳에서 목회해야 한다"고 말씀하셨다. 그때는 아직 성전 2층도 올리지 못한 상태였고 재정적으로도 무척 힘든 때였다. 정말이지 주님의 말씀을 이해할 수 없었다. 하지만 주님은 단호하셨다.

"네 남편은 죽어 가는 유럽의 교회와 새롭게 부흥되는 제3세계를 연구해야 한다. 그리고 너는 이곳에서 새롭게 사역을 시작하라!"

선교사 요람을 뒤져 기하성 교단의 정재용 목사님이 영국 버밍엄에서 공부하고 있다는 것을 알았다. 그분과 전화로 통화하는데 하나님께서 영국으로 떠나야 한다는 감동을 주셨고, 우리 가정은 급하게 티켓을 마련하여 영국 버밍엄 대학을 답사하게 되었다. 남편을 필리핀으로 보내실 때처럼 이번에도 하나님은 급한 바람처럼 남편의 영국행을 진행하셨다.

짧은 방문 기간 동안 박사과정의 입학과 논문 테스트를 마쳤고, 기숙사인 게스트하우스는 정재용 목사님이 사용하던 집을 쓰기로 했다. 정재용 목사님은 마지막 관문인 박사 논문 통과만 기다리고 있던 상황이었다. 더구나 하나님은 자동차까지 마련해 주셨다.

7,500파운드나 되는 비싼 학비는 아시아태평양신학대학 Asia Pacific Theological Seminary의 마원석 목사님이 미국의 홍석구 장로님을 통해 도움을 주셨다. 홍석구 장로님이 박사과정 4년을 마칠 때까지 후원하시겠다는 것이다. 마원석 목사님은 남편의 만학을 마치 자신의 일처럼 기뻐하며 입학 서류를 위한 추천사부터 학비까지 마련해 주셨고, 영

국 유학 중에도 자비로 중요한 논문과 서적 등을 구해 주시는 등 물심양면으로 후원을 아끼지 않았다.

입학 서류를 위한 두 명의 추천사는 아세아연합신학대학의 정홍호 교수님과 마원석 목사님의 극찬에 가까운 추천사로 마련했다. 입학 서류 작성과 시험 등이 하루 만에 이루어진 것이다. 당시 중학교 2학년이던 샬람이는 영국 버밍엄의 본빌 중·고등학교로 전학할 수 있게 되었다.

드디어 버밍엄 대학으로부터 합격통지서가 정식으로 왔다. 잠시 필리핀에 돌아온 남편과 딸은 마닐라한국아카데미 선생님과 선교사님들, 그리고 성도들과 눈물의 작별 인사를 나눈 뒤 2001년 9월 영국으로 떠났다.

영국으로 떠나기 전날 나와 남편은 밤을 새워 하나님께 기도드렸다. 교회는 아직도 건축 중이고 재정적으로도 최악의 상태인데다 납치와 강간 등 많은 위험이 도사리고 있는 이곳에 아내만 두고 떠나는 남편의 심정이 오죽했겠는가.

그 밤 남편은 4년 과정의 박사과정을 2년 6개월 만에 마치게 해주겠다는 주님의 응답을 듣고 기뻐서 "아멘!" 했다. 하루 속히 박사과정을 마치고 필리핀으로 돌아와 남은 사역을 마무리하겠다는 다짐을 하며 남편은 영국으로 떠났다.

버밍엄 대학은 1900년대에 세워진 유서 깊은 대학이다. 영국의 10대 연구 중심 대학 중 하나이며 학부와 대학원생을 모두 합치면 2만 명에 가까운 학생들이 공부하는 곳이다. 특히 버밍엄 대학 도서관은 200만 권의 도서와 300만 점 이상의 각종 사본이 총 길이 70km까지 진열되어 있고, 하루 동안 1만 명에 가까운 사람들이 드나드는 곳이다. 아프리카와 이슬람의 역사는 물론 영국 선교에 대해 공부할 수 있는 황금 자료들이 모여 있는 그곳에서 남편은 공부하게 된 것이다. 젊을 때부터 공부하고 싶어 하던 남편의 꿈이 이루어지는 순간이었다.

버밍엄 대학에서 남편은 4학기 동안 56개 과목을 청강하였고, 유대교, 이슬람, 포스트모더니즘과 종교철학 등을 공부했다. 버밍엄 대학의 도서관뿐만 아니라 옥스퍼드 대학과 케임브리지 대학의 도서관과 헌책방까지 다니며 자료를 수집했다. 토요일과 주일에는 영국의 교회를 일일이 방문해 교회 이름, 목회자, 예배 스타일, 주보, 요람 등을 수집하고 기록해 자료로 남겼다.

버밍엄의 물가는 너무 높았다. 당시 생활비는 어린 딸 샬람이가 베이비시터로 아기들을 돌보는가 하면, 박사 논문 중 한글을 영어로 번역하고, 피아노를 가르치는 등 여러 가지 아르바이트로 해결했다. 주변에 생활비를 벌어 가며 공부하는 유학생들 중에는 5~6년, 아니 7년이 돼도 공부를 마치지 못하는 사람들이 많았다. 물론 친정 부모님을 비롯해 주변의 지인들로부터도 많은 신세를 졌다. 그분들 가정에 하나님의 돌보심이 있기를 기도한다. 샬람이는 그렇게 바쁘게 생활하는 중에도 국가에서 주최하는 시험에 만점을 받는 등 공부도 열심히 했다.

하나님은 남편을 영국에 보내 미래의 '부흥'을 위한 사역자로 준비시키셨다. 세계 대부흥의 진원지인 영국을 향한 하나님의 관심과 사랑은 각별했다.

> "그 후에 내가 내 영을 만민에게 부어 주리니 너희 자녀들이 장래 일을 말할 것이며 너희 늙은이는 꿈을 꾸며 너희 젊은이는 이상을 볼 것이며 그 때에 내가 또 내 영을 남종과 여종에게 부어 줄 것이며 내가 이적을 하늘과 땅에 베풀리니 곧 피와 불과 연기 기둥이라" 욜 2:28-30

홀로서기

두렵고 떨렸지만 하나님은
나의 홀로서기를 이끄셨다.

언제인가부터 나는 꿈도 타갈로그어로 꾼다. 어느 정도 의사소통이 된다 싶던 타갈로그어가 난공불락의 요새처럼 내 앞을 가로막고 있었다. 차라리 더듬거리더라도 영어가 낫지 싶었다.

나는 월요일부터 시작되는 새벽예배와 매일저녁기도회를 타갈로그어로 인도하고 설교해야 했다. 정말이지 감당하기 힘든 맹훈련이었다. 새벽 4시에 일어나 새벽기도를 마치고 밤 12시까지 늘 긴장 속에서 사역을 하다 보니 내 몸에 이상이 생기기 시작했다. 앞이 잘 보이지 않더니 급기야 온몸이 말을 듣지 않았다. 그나마 깡으로 버티던 정신력도 이제는 믿을 게 못 됐다. 아무리 힘들어도 '감사'가 넘치던 나는 눈만 뜨면 눈물을 흘리며 하소연하기 바빴다. "주여! 왜 제게 이런 감당할 수 없는 일들만 맡기십니까?"

2001년 9월 25일부터 시작된 사역의 현장에서 남편과 딸도 없이 홀로 서자니 너무 힘들었다. 주변에선 내게 '여장부 중에 여장부! 여캡틴!'이라는 닉네임을 붙여 주었지만, 나를 잘 모르고 하는 말이다.

남편과 샬람이를 떠나보내고 나는 아직 완공되지 않은 교회 뒤쪽에 사택을 짓고 거기서 거주했다. 그런데 밤이면 마약하는 동네 청년들이 교회에 들어와서 나쁜 짓을 하려고 했다.

"하나님! 이 연약한 여종의 안전을 지켜 주소서!"

온몸이 불덩이처럼 뜨거운 고열에 시달려도 나는 다음날 새벽예배 인도를 위해 타갈로그어를 붙잡고 씨름해야 했다. 예전에 남편과 함께 두 달 남짓 학원에 다니면서 배운 게 고작인 타갈로그어로 설교문을 작성하자니 정말이지 죽을 맛이었다. 하는 수 없이 매 주일 남편을 대신해 필리핀의 유명한 목사님들을 초청해 대예배를 인도하도록 했다.

그러던 어느 주일 드디어 사건이 터지고 말았다. 부흥사 마빈Marvin 목사를 초청했는데 예배 시간인 오전 10시가 지나도록 도착하지 않은 것이다. 신학생들더러 찬송을 부르게 하고 교회 입구에서 20분을 기다렸지만 그는 나타나지 않았다. 사실 고백하면 그날 아침부터 하나님이 내게 하신 말씀이 있었다.

"오늘은 네가 설교할 것이다."

그래서 혹시 몰라 아침을 금식하며 '부흥의 불길'이라는 제목으로 사도행전 2장 1-4절 말씀을 묵상하긴 했다.

끝내 마빈 목사는 오지 않았고, 드디어 나의 첫 주일 대예배 설교가 시작되었다. 그 어느 때던가? 나는 오래전에 '타갈로그어로 방언하게 해달라'는 기도를 드린 적이 있다. 그런데 그날 도무지 믿기지 않는 기적이 일어났다.

"앙 살리땅 'Rivival'아이 낭앙아홀루간 낭 빡바발릭 싸 부하이, 물링 빡까까로온 낭 까마라얀, 빡빠발릭 싸 까씨글라한 물라싸…." 부흥이란 죄인들이 돌아와 새 삶을 살게 되며…

그러다 갑자기 영어로 말하기 시작했다.

"A revival is the return of the Christian from backsliding. Revival is also a new beginning of obedience to Almighty God!"

보통 남편은 주일 설교를 20~30분 했다. 그런데 그날 설교는 30~40분이 훌쩍 넘더니 갑자기 불이 임하기 시작했다.

"오순절 날이 이미 이르매 그들이 다같이 한 곳에 모였더니 홀연히 하늘로부터 급하고 강한 바람 같은 소리가 있어 그들이 앉은 온 집에 가득하며 마치 불의 혀처럼 갈라지는 것들이 그들에게 보여 각 사람 위에 하나씩 임하여 있더니 그들이 다 성령의 충만함을 받고 성령이 말하게 하심을 따라 다른 언어들로 말하기를 시작하니라. 믿으시면 아멘?"

급하고 강한 바람 같은, 불의 혀 같은 성령이 예배 가운데 임했다. 보통 설교가 길어지면 시계를 보거나 밖으로 나갔다 들어오기를 반복하던 성도들까지 모두가 진지한 표정으로 영의 말씀을 먹고 있었다.

점심시간인 12시가 넘었다. 주일 대예배가 기도회처럼 이어졌다. 여기저기서 자신의 죄를 회개하며 흐느끼는 소리가 터져 나왔고, 성령의 불을 받아 껑충껑충 뛰는 성도들도 있었다. 부흥회와 같은 뜨거운 집회가 되었다. 나는 성도들 쪽으로 내려가 한 사람 한 사람 붙들고 축복기도를 해주었다.

부흥이 시작된 것이다! 초대 교회 역사처럼 우리 교회에도 성령님께서 친히 역사하셨다. 불신자들조차 우리 교회 앞을 지나면 전기가 통하듯 온몸이 찌릿찌릿하다고 했다. 나는 그때부터 어디서 그런 힘이 생기는 건지 신학생들을 데리고 매일 심방을 다녔는데 반나절은 공사장 감독으로, 반나절은 심방을 다녔다. 산꼭대기 쓰레기촌에 사는 성도들이든 부둣가에 사는 성도들이든 구분 없이 가가호호 전전하며 전도와 심방에 온 마음과 정성을 쏟았다.

한번은 교회 근처에 사는 린다 자매 집을 심방했다. 평소에 기독교를 핍박하던 자매는 집 안에 마리아, 산토니뇨와 여러 우상들을 두고 섬기고 있었다. 그런데 린다 자매는 특이하게도 오른손에 늘 붕대를 감고 다녔다.

"Sister Lynda! 마이사낏 뽀바?" 린다 자매님 어디 아프세요?

린다 자매는 붕대로 감은 오른손을 보여 주기 싫어했다. 남편조차 냄새난다고 쳐다보지도 않는다고 했다. 그녀의 오른손은 쥐가 손톱을 파먹고 균이 전염되어 썩어 가고 있었던 것이다. 나는 그녀의 오른손을 치료해 주겠다고 했다. 심방 때마다 알코올, 연고, 진통제 등을 가지고 다녔는데 린다 자매의 오른손을 붙잡고 때가 검게 탄 붕대를 풀기 시작했다.

신학생 준레이 형제가 옆에서 지켜보다 구토를 했고, 집사들은 악취 때문에 고개를 돌렸다. 린다 자매의 오른손은 아주 심각했다. 이미 손가락 두 개는 썩어 문드러져서 사라져 버렸고, 나머지는 온통 고름과 구더기로 뒤덮여 있었다.

어디서 그런 담대함이 생긴 걸까? 나는 나 자신도 놀랄 만큼 맨손으로 알코올로 닦고 연고를 발랐다. 그리고 임시로 깨끗한 손수건으로 싸서 묶어 주었다.

그렇게 강퍅했던 린다 자매의 눈에서 눈물이 흘러내렸다.

"파스토라 에미! 마라밍 마라밍 쌀라맛뽀." 에미 목사님! 정말 많이 감사합니다.

나는 매일 그녀의 집에 가서 상처를 치료하고 붕대를 감아 주었다. 그때마다 마을 사람들이 우리를 둘러싸고 내가 상처를 치료하는 것을 구경했다. 마치 예수님께서 나사렛 마을에서 기적을 행하실 때 허다한 군중이 예수님을 따르게 된 것처럼, 우리를 구경하던 사람들이 지금은 교회에 나오고 있다.

린디 자매 역시 기적적으로 하나님께서 상처를 치료해 주셨다. 그때 내 인생을 바꾼 '타갈로그어'가 바로 이것이다.

"달라가, 씨야 아이 또또옹 미션어리!" 맞아, 저 사람은 진짜 선교사야!

불신자들이 이구동성으로 했던 말이다.

'그래, 사실 나는 진짜와는 거리가 멀었지만, 진짜 선교사가 되어 보자!'

그때부터 한국 음식은 김치뿐 아니라 어떤 음식도 먹지 않았다. 필리핀 사람들과 똑같이 아침에는 밀로 만든 빵 판데살 Pandesal 과 커피를 먹고 점심과 저녁은 날아가는 베트남 쌀 안남미와 필리핀 반찬 한 가지로 먹었다. 하루 종일 그들과 똑같이 타갈로그어로 말했다.

교회가 부흥되기 시작했다. 그 전에는 크리스마스나 부활절 행사 순종하면 하나님은 부흥을 주신다.

때만 200명 정도 모였다. 그러나 매 주일 200명이 출석하더니 400명, 500명, 700명까지 부흥을 했다. 주일학교도 100명 정도에서 200명, 500명, 1,000명이 넘어섰고, 청소년 역시 30~40명에서 595명까지 출석했다.

나는 교회 건축을 위해 일하는 일꾼들에게 '뽀'라는 존칭을 붙여 불렀다. 그런데 어느 날 우연히 내 등 뒤에서 몇몇 일꾼들이 욕하는 소리를 들었다.

"시라울로까 보보 땅아!" 한국 년이 뭘 안다구!

이때부터 나는 예전에는 간단히 기도만 했으나 일꾼들과 함께 매일 20분씩 성경공부를 했다.

"파스토라 에미! 나따따꼿 까미에 이까우 아이 달라강 말라까스 앗 마루눙!" 에미 목사님! 당신이 너무 강하고 그냥 넘어가지 않으니 우리는 무서워요!

내가 전기기사, 배관공, 미장, 목수들에 이르기까지 그냥 넘어가는 법이 없으니 하는 말이었다. 그런데 이렇게 밀어붙이자 2~3주를 끌던 일이 일주일에 끝났다. 장부 기록과 영수증 관리까지 깐깐하게 굴었으니 그들에게는 내가 어지간히 피곤한 존재였을 것이다. 그러나 건축비가 어떻게 마련되어 우리 손에 들어오는지 잘 알기에 나는 어느 것 하나 허투루할 수 없었다. 이번만 해도 내가 7일 금식을 마친 날, 일본 교토교회의 이정현 학생이 어려서부터 모은 저금통 전액과 몇몇 성도들이 모은 피 같은 헌금을 보내 와 한동안 중단됐던 공사를 다시 재개할 수 있었다. 그랬기에 나는 여러 철물점과 건자재상을 헤매다가 가장 싼 가격에 구입하면 정말이지 기분이 좋았다.

교회 건축으로 심신이 지쳐서 입에서 불평이 나오려고 할 때마다 가난한 성도들이 일주일치 주급 전체를 드리고, 어떤 성도들은 1개월 이상을 무보수로 봉사해 주는 것을 보면 다시 감사하지 않을 수 없었다. 귀한 성도들의 헌신과 작은 벽돌 하나도 매 주일 드려지는 건축헌금으로 충당되는 것을 보면서 '어쩌면 이렇게 성전 건축이 늦어지는 것 또한 하나님의 깊은 뜻이 아닌가'라는 생각도 든다. 벽돌 한 장한 장이 올라갈 때마다 성도들의 믿음도 성장해 갔다.

매주 토요일 오후에 하는 노방전도를 좀 더 체계적으로 하기 위해 일명 '전도 특공대'로 이름을 붙이고 팀을 결성했다. 마태복음 10장 1-15절을 토대로 신학생 8명을 2명씩 4팀의 리더로 세우고 집사님과 청소년들을 팀원으로 묶어 교회를 중심으로 동서남북으로 흩어져 노방전도를 떠나도록 했다. 떠나기 전에는 반드시 팀별로 손을 잡고 기도했다.

감사하게도 매 주일 새신자가 7~8명씩 등록했고, 그렇게도 가난한 성도들을 무시하며 교만했던 새로운 주택 단지의 중산층들도 교회에 나오기 시작했다. 변호사, 엔지니어, 의사 등 다양한 직업을 가진 이들이 교회에 왔다.

어느 주에는 교회 뒤쪽의 산꼭대기에 사는 성도들이 교회에 나오지 않아서 예배 후 곧바로 심방을 갔다. 크루즈컨 Cruz Con 이라는 건축 회사가 자그마한 땅이라도 줄 테니 이사부터 하라고 해서 가난한 13가구가 산모퉁이 코너에 임시 텐트를 치고 살고 있었다. 그런데 건축 회사가 성도들에게 거짓말을 한 것이다. 화가 난 성도들이 건축 회사 간부들한테 따졌고 그 과정에서 몸싸움이 일어났다. 나는 직접 건축 회사 회장을 찾아가겠노라며 성도들을 진정시켰다.

"주여! 우리 성도들을 도우소서!"

3일을 금식하며 하나님께 매달린 뒤 크루즈컨 건축 회사로 향했다. 회사 입구에서 경비원이 미리 약속하지 않았으면 들어갈 수 없다고 막아서 한참을 설득한 후에야 어렵게 사무실로 들어갔다. 그런데 비서가 다짜고짜 예약도 안 한 사람을 왜 들여보냈느냐며 경비원을 야단치는 것이 아닌가?

1층 입구로 쫓겨난 나와 부교역자들은 소파에 앉아 간절히 기도했다. 그때 주님이 말씀하셨다.

"딸아! 바로 저 사람이다."

60대 초반으로 보이는 화려한 바롱 필리핀 정장을 입은 남자가 엘리베이터에서 나오고 있었다. 어디서 그런 용기가 생겼을까? 나는 그 신사 앞으로 가서 5분만 시간을 내달라고 했다. 한국말로 번역하면 이랬다.

"나는 한국에서 온 에미 선교사다. 우리 교회 뒤의 땅을 크루즈컨이 개발하여 새로운 주택 단지를 짓는다는 소식을 들었다. 당신 회사가 13가정의 우리 가난한 성도들에게 3~4평의 땅을 주기로 구두 약속을 했는데, 이제 와서 맘을 바꿔서 안 준다고 한다. 생각해 보자! 당신은 타이타이에서 가장 큰 부자다. 나와 당신뿐 아니라 우리 인간은 죽으면 무덤에 1페소도 가져갈 수 없다. 간절히 부탁하건대 당신 민족이지 않은가? 가난한 13가정을 모두 도와주라! 변호사를 통해 13

가정에게 땅 문서를 줘라!"

들리는 소문에 의하면, 그는 리조트와 카지노를 가지고 있고 여러 명의 아내를 두었다고 한다. 하나님은 강퍅한 바로 왕을 돌이키셨듯이 탐욕스런 이 부자를 만지셔서 13가정의 땅 문서를 만들어 주겠다는 약속을 하게 하셨다. 그리고 그는 일주일 후 약속대로 13가정에게 땅 문서를 주었다. 기적이었다!

> "밤에 바로가 모세와 아론을 불러서 이르되 너희와 이스라엘 자손은 일어나 내 백성 가운데에서 떠나 너희의 말대로 가서 여호와를 섬기며 너희가 말한 대로 너희 양과 너희 소도 몰아가고 나를 위하여 축복하라 하며" 출 12:31-32

두 번째
반항

살람이의 친구들.
살람이는 하나님의 연단을 받고
귀하게 쓰임 받고 있다.

 근대 선교의 아버지 윌리엄 캐리 William Carrey, 아프리카의 등불 데이비드 리빙스턴 David Livingstone, 중국 선교의 선구자 허드슨 테일러 Hudson Taylor, 우간다 선교의 기초를 놓은 알렉산더 맥케이 Alexander Mackay 등은 영국이 배출한 선구자적 선교사다. 남편이 추천해 준 이들의 전기를 읽어 보니 참으로 새로운 도전을 받는다.

 영국 교회의 예배와 신앙, 그리고 교육 제도는 그들이 선교한 나라에 지대한 영향을 끼쳤음은 자명한 사실이다. 비록 지금은 영국 교회가 영적으로 침체되어 있지만 그들의 저력은 결코 무시할 수 없다고 생각한다.

남편과 샬람이의 영국 생활이 벌써 6개월을 넘어가고 있었다. 학교 최우수반에 들어간 샬람이는 기특하게도 아르바이트해서 번 돈 100파운드 전액을 교회 건축 헌금으로 보냈다. 더구나 수많은 영국 아이들을 제치고 오디션을 통해 당당히 학교 오케스트라의 피아노 반주자가 되었다. 크리스마스 축제 때는 학교에서 베토벤 곡과 크리스마스 곡을 피아노로 독주하여 하나님께 영광을 돌렸다.

이렇게 아무 문제없이 잘 지내던 샬람이에게 시련이 닥쳤다. 나는 샬람이에 관한 한 여느 엄마와 똑같아서 샬람이가 학교에서 조금만 늦어도 조바심을 냈다. 그런 딸을 영국으로 떠나보내는 일이 죽기보다 싫기도 했다. 매일 밤이면 남편보다 샬람이가 보고 싶어서 베갯잇을 적시곤 했다.

2002년 1월 초였다. 새벽에 꿈을 꿨는데 샬람이가 영국의 남녀 학생들에게 둘러싸여 폭행을 당하고 있었다. 아침에 건축 공사 감독을 하면서 꿈 때문에 딸이 걱정되어 하루를 금식하며 기도했다. 그래도 일이 손에 잡히지 않아 비싼 전화비를 각오하고 영국에 전화를 걸었다.

"샬람아! 제발 조심하렴. 엄마가 이런저런 꿈을 꾸었단다."

그런데 샬람이도 지난밤 나와 똑같은 꿈을 꾸었다고 했다. 샬람이는 밤마다 잠언서를 읽고 기도 후에 잠이 들었는데, 3층 교실에 있는 샬람이를 운동장에서 친구들이 손짓하며 불렀다는 것이다. 내려갔더니 남학생과 여학생들이 다짜고짜 뺨을 때리며 발길질했다는 것이다. 샬람이의 말을 듣고 나니 더 불길해서 나는 온몸을 부들부들 떨었다.

다음날 아침, 여느 때처럼 교회에서 공사 감독을 하고 있는데 영국에 있는 남편한테서 휴대폰으로 전화가 왔다. 아주 무거운 목소리였다.

"여보! 놀라지 말고 침착하게 내 말을 들으세요."

이야기인즉슨, 샬람이가 학교에서 기말고사를 보는데 평소 딸을 시기하던 친구들이 샬람이가 커닝을 한다고 선생님께 일러바쳤다는 것이다. 샬람이가 책상 밑의 노트를 잘 정리하지 않아서 생긴 오해였다. 선생님이 샬람이 곁으로 오자, 샬람이는 침착하게 시험지를 보이며 이렇게 말했다고 한다.

"선생님! 저의 시험지를 보면 아시겠지만, 저는 정답을 쓰고, 또 저의 견해를 적절하게 잘 정리했어요!"

그러자 선생님은 샬람이를 모함한 다른 친구들을 야단치며 경고했다. 그런데 쉬는 시간에 3층 교실에 있는 샬람이를 남자, 여자 학생들이 운동장에서 손짓하며 부르더란다. 샬람이가 내려가자 다짜고짜 뺨을 때리며 남학생들이 발로 차고, 쓰러진 샬람이를 여자아이들이 때리고…. 유난히 추웠던 그날, 남편은 세미나를 가야 하는데 하교 시간이 지나도 딸이 오지 않자 걱정이 되어 문 밖에 서서 떨면서 딸을 기다렸다고 한다.

그때 남편의 표현대로 말하면 샬람이는 울면서 거의 기다시피해서 왔다고 한다. 그 순간, 남편은 하늘이 무너질 듯했고, 너무 화가 나서 두 주먹이 저절로 불끈 쥐어졌다. 샬람이의 입술은 터져서 피가 났고, 얼굴과 온몸엔 피멍이 들었단다. 흥분한 남편이 학교 선생님들한테 말하든지 다시는 이런 일이 없도록 경찰에 신고하든지 하자고 하자 샬람이는 오히려 아빠를 제지하며 이렇게 말했단다.

"아빠! 그러면 내가 그 아이들과 뭐가 다른가요? 난 괜찮아요."

남편의 전화를 받던 때는 한창 공사 감독 중이어서 성도들과 일꾼들이 곁에 있었는데 나는 그 자리에 주저앉아 엉엉 큰 소리로 울고 말았다.

"하나님! 다 필요 없어요. 내가 그렇게 금식하며 기도했잖아요. 딸의 안전을 지켜 달라구요! 엄마도 없이 우리 샬람이가 얼마나 힘들었겠어요! 필리핀에서도 제대로 못 먹고 못 입고 살았는데, 그 어린 것이 영국에 가서도 집안일에 아르바이트까지 하며 힘겹게 살고 있잖아요. 그런데 이렇게 폭행까지 당하는 게 말이 됩니까? 이것이 당신의 뜻입니까? 나 지금 당장 샬람이한테 갈 거예요!"

영문을 모르는 성도들과 일꾼들은 갑자기 주저앉아 우는 나를 어떻게 위로해 줘야 할지 몰라 몹시 당황스러워했다.

그때 하나님은 내게 이런 위로의 말씀을 주셨다.

"딸아! 내가 너를 연단시킨 것처럼, 너의 딸 샬람이도 훈련시켜 사용하리라. 이 고통이 반드시 축복이 되리라!"

그때는 하나님의 위로가 하나도 귀에 들어오지 않았지만, 나중에야 그 말씀이 이해되었다. 나중에 샬람이의 졸업식에 참석하러 영국에 갔을 때 샬람이는 곁에 둘러선 친구들을 이렇게 소개했다.

"엄마! 얘가 내 얼굴을 때렸던 친구고, 이 녀석이 날 이단 옆차기로 때렸던 친구야!"

샬람이는 그사이 자기를 시기하여 때린 아이들을 친구로 돌려놓았다. 그 아이들은 부모가 이혼했는가 하면, 재혼한 가정에서 새아빠, 새엄마와 부대껴 사느라 상처가 많은 아이들이었다. 샬람이는 그들을 보듬고 격려해 주며 자신의 진정한 '친구'로 만들었다. 나중에 딸이 떠날 때 그 친구들이 큰 인형을 선물로 주었는데 인형의 배를 누르면 그들이 녹음한 목소리가 나왔다.

"사랑하는 친구 샬람아! 그때는 정말 미안했어. 너는 우리의 진정한 친구야! 너를 사랑해. 늘 조심하고."

하나님을 향한 나의 두 번째 반항은 이렇게 감사기도로 종결되었다. 정말이지 하나님은 우리에게 감당할 만한 시험만 주시는 분이다.

샬람이는 과연 하나님의 어떤 종이 될까? 나는 샬람이의 얼굴을 볼 때마다 이런 생각을 한다. 정말 기대가 된다.

하나님께서 남편과 딸에게 새로운 차원의 학문적, 선교적 훈련을 시키는 것은 하나님의 계획에 의한 것이다. 세계사를 흔든 그 많은 선교사들이 밟은 고난의 과정을 지금 남편과 딸이 영국에서 훈련받고 있는 것이다.

남편은 그 어느 때보다도 공부를 열심히 했다. 새벽부터 밤늦은 시간까지 히브리어와 헬라어를 강독하고 이슬람과 유대학 관련 강좌를 듣고 독서를 하였다. 뿐만 아니라 영국 전역의 교회들을 두루 다니며 세계의 교회를 연구했다. 남편은 런던에서 장래의 놀라운 사역을 위해 온 맘을 다해 준비하고 있었다.

지금까지 한국 교회는 양적 성장과 더불어 '양적인 선교'에 많이 치중해 왔다. 선교지에 수많은 교회 건물을 세우고 교회를 개척하며 많은 선교사를 파송하는 일에 열심을 내었다. 그러나 파송된 선교사 한 사람 한 사람을 준비시키고 성장시키는 일은 간과한 것이 사실이다.

한 차원 높은 선교 사역을 위해 밤잠을 설치며 준비한 남편이지만 아내에게 맡기고 온 필리핀 상황을 생각하면 '이 학문의 길을 계속해야 하는가?'라는 고민에 빠지곤 했다.

다행히 아시아태평양신학대학원APTS의 부총장이셨던 마원석 목사님과 사모님의 격려와, 미국 홍석구 장로님과 부름선교회 등의 도움으로 학비와 기숙사비, 도서비를 해결할 수 있었다. 그러나 딸과의 생활비는 여전히 부족했다. 영국 법은 유학생도 하루 4시간씩 파트타임을 할 수 있도록 허용하고 있다. 슈퍼마켓 캐시나 청소 또는 경비를 하면 한 달에 350~400파운드 정도는 벌 수 있다고 한다. 그러나 그 정도의 수입으로는 생활비와 학비 등을 충당하기 어렵다. 그렇다 보니 스스로 생활비를 충당해야 하는 가난한 유학생은 4년 내에 과정을 마치고 졸업하기 어려웠다.

하나님께서 남편에게 주신 영국에서의 시간은 2년 6개월이었다. 3년 안에 박사과정을 모두 마쳐야 하는 것이다. 버밍엄 대학은 규정상 4년 과정의 박사과정을 해야 하고 등록금 3년 치를 내야 한다. 그런데 남편은 기적적으로 2년 3개월 만에 박사과정 논문에 통과하여 졸업을 했다.

남편과 딸이 영국에서 지내는 시간이 힘겨웠지만 하나님께서 주신 축복 역시 너무나 컸다. 박사과정을 하는 남편을 따라 영국에 온 사모들이 식당일과 간병인으로 일하며 남편을 뒷바라지할 때 나는 필리핀에 남아 남편이 해온 사역들을 감당하고 있었다.

"내가 주 안에서 크게 기뻐함은 너희가 나를 생각하던 것이 이제 다시 싹이 남이니 너희가 또한 이를 위하여 생각은 하였으나 기회가 없었느니라 내가 궁핍하므로 말하는 것이 아니니라 어떠한 형편에든지 나는 자족하기를 배웠노니 나는 비천에 처할 줄도 알고 풍부에 처할 줄도 알아 모든 일 곧 배부름과 배고픔과 풍부와 궁핍에도 처할 줄 아는 일체의 비결을 배웠노라 내게 능력 주시는 자 안에서 내가 모든 것을 할 수 있느니라" 빌 4:10-13

내게 꿈을 준
소녀여!

마엣의 그림처럼 우리 교회를 중심으로
죄악된 마을이 천국으로 변화되리라 믿는다.

한알의밀알교회에는 여덟 살 난 아주 귀여운 소녀가 있다. 소녀의 이름은 마엣 Mayeth 이다. 소녀의 엄마는 1996년 여름에 남동생을 낳다가 돌아가셨고, 아빠는 그 해 새 가정을 꾸렸다. 그래서 마엣은 우리 교회 개척 당시 첫 성도인 딘딘 할머니와 단 둘이 이곳 마을에서 살게 되었다. 마엣은 어려서부터 교회에서 생활하는 것을 좋아했고, 찬양뿐만 아니라 탬버린 댄스도 아주 잘 췄다.

당시 우리 교회는 상황이 아주 안 좋았다. 1층은 내부까지 완성했으나 2층의 지붕과 유리창 공사가 안 되어 비가 오면 1층까지 물이 들어오고 완성된 천장의 짚섬보드가 부서지는 등 문제가 많았다.

유리창은 한화로 750만 원에, 2층 지붕은 한화로 980만 원에 절충을 보고 공사하기로 했으나 지불할 돈은 없었다. 그때 한 번도 얼굴을 본 적이 없는 한동대 졸업생 중에서 주식으로 350만 원이 생겼다며 선교 헌금을 보내 와서 유리창 값 일부를 지불할 수 있었다. 하지만 전기동력과 전기기구, 우물 등을 해결해야 했고, 유리창과 지붕의 잔금도 해결해야 했다. 당시 나는 5일, 7일, 15일 금식으로 몸무게가 5kg 이상 빠졌고, 두통과 구토에 시달리고 있었다. 그런 때 여덟 살 소녀 마엣이 그린 그림을 보고 큰 힘을 얻을 수 있었다. 마엣의 그림

마엣이 그린 그림

은 내게 다시금 꿈을 갖게 해주었다.

마엣은 마음속에 예쁜 꽃나무가 자라는 나를 그린 뒤 죄악의 소굴처럼 느껴지던 우리 마을이 천국처럼 바뀌는 모습을 그렸다. 크고 작은 물고기며, 집이며, 모두 천국이 따로 없었다. 어린 마엣이 작은 손으로 짚어 가며 이것이 "Pastora Amy"라며 천사같이 웃었다. 마엣의 그림을 보면서 내가 초등학교 1학년 때 그린 그림이 생각났다.

내가 그 그림을 그렸을 때 엄마는 내게 "화가가 되겠구나" 하고 칭찬해 주었고, 형제들은 "꿈도 야무지구나!" 하며 핀잔을 주었다. 하얀 도화지에 교회를 한가운데 그려 넣고 오른쪽에는 기도하는 집, 왼쪽에는 농구, 축구 등을 할 수 있는 운동장과 아름다운 정원을 그렸다. 그리고 초등학교부터 대학교까지와 고아원, 양로원, 무료로 고쳐주는 병원 등도 그려 넣었다. 나는 어렸을 때 별명이 '꿈쟁이'였고 '이야기꾼'이었다. 동생들한테 1원씩을 받고 나의 꿈 이야기를 들려주곤 했다.

마엣의 그림처럼 우리 교회를 중심으로 술주정뱅이, 도박, 마약, 동성연애자들이 많은 죄악의 마을이 천국으로 변화될 것으로 믿는다.

이 일이 있은 지 며칠 후 하나님께서 꿈인지 생시인지 모를 만큼 생생한 꿈을 세 번이나 주셨다. 꿈속에서는 2층 대성전이 완성되어 아름다운 강대상과 빨간 카펫이 깔려 있었다. 의자도 놓였고 바닥은

어릴적 내가 그린 꿈의 집

중앙에 빨간색 대리석이, 좌우로는 회색 대리석이 깔려 있었다. 나는 하얀색 목사 가운을 입고 강대상에 힘없이 서 있었다. 그때 강대상 앞으로 예수님이 서 계신 것이 보였다.

"왜 그리 힘없이 서 있느냐?"

"예수님, 저는 못하겠어요! 너무 지쳤어요!"

"그래, 너는 못하지. 자, 그럼 지금부터 내가 하는 대로 따라서 하라!"

예수님은 강대상에서 성전 뒤쪽 입구까지 천천히 걸으셨는데 오른손, 왼손을 들었다 내렸다 하며 걸으셨다. 내가 예수님을 따라 오른손을 들자 언제 들어왔는지 수를 셀 수 없이 많은 눈먼 자, 말 못하는 자, 중풍병자, 뇌성마비 환자들이 고침을 받았다. 예수님이 왼손을 드시자, 나도 왼손을 들었고 왼쪽에 있던 많은 환자들 역시 고침을 받았다.

절대 못 하는 그것을 순종하라   177

나는 마치 율동을 하듯 예수님의 뒤를 따르며 오른손, 왼손을 올렸다 내렸다 했다. 예수님은 성전 입구까지 걸어가시더니 멈춰 서서 내게 의미심장한 미소를 지으셨다. 그리고 이내 사라지셨다.

이 꿈을 나는 연속으로 세 번이나 꾸었다. 나의 연약함을 아시는 주님이 내게 확신을 주시려는 것이었다. 그 후 꿈에서처럼 기적이 일어나기 시작했다. 필리핀에는 귀신 들린 사람이 많았는데 예수님께서 그들을 모두 고쳐 주신 것이다.

나는 2002년부터 11년째 사역을 회상하며 네 가지 구체적인 기도 제목을 가지고 성도들과 함께 기도했다.

첫째는 다가올 교회의 큰 부흥과 기적을 준비하는 교회!

둘째는 세계 선교에 우리 교회가 선두에 설 수 있도록!

셋째는 순교자의 각오로 필리핀 전역에 복음 전파의 원동력이 될 수 있는 교회!

넷째는 도둑이 없는 교회! 너무도 가난하고 먹을 것이 없는 교인들이 교회 초창기 때부터 돈이 될 수 있는 것이라면 이웃의 물건뿐만 아니라 교회 철근, 가스통, 하물며 교회 천장에 달린 전구까지 훔쳐 갔기 때문이다.

"요셉이 그들에게 이르되 청하건대 내가 꾼 꿈을 들으시오 우리가 밭에서 곡식 단을 묶더니 내 단은 일어서고 당신들의 단은 내 단을 둘러서서 절하더이다" 창 37:6-7

"요셉이 다시 꿈을 꾸고 그의 형들에게 말하여 이르되 내가 또 꿈을 꾼즉 해와 달과 열한 별이 내게 절하더이다 하니라"
창 37:9

"기브온에서 밤에 여호와께서 솔로몬의 꿈에 나타나시니라 하나님이 이르시되 내가 네게 무엇을 줄꼬 너는 구하라"
왕상 3:5

회개하라!
천국이 가까웠느니라

사랑하는 성도 여러분! 회개하여 우리의
모든 죄가 용서받아야 합니다.
천국이 가까웠습니다.

　　성탄절 전에 교회 벽을 페인트칠하고 있었다. 여러 개의 평행 사다리를 연결하여 10m가 넘는 높이까지 올라가기도 했다. 그런데 균형이 무너지면서 사다리가 교회 벽을 깨고 쓰러져 버렸다. 4m 아래서 일하던 두 형제는 이미 땅으로 떨어졌고, 10m 높이에서 일하던 말론 형제는 엿가락처럼 휘어진 철재 사다리를 붙잡고 매미처럼 매달려 있었다. 이미 땅에 떨어진 로날드와 루돌프 형제는 다행히 어깨와 다리에 약간의 타박상만 입었다. 문제는 저 위에 대롱대롱 매달려 있는 말론 형제였다. 자칫하면 옆에 이어진 다른 철재 사다리에 영향을 주어 대형 사고로 이어질 수 있는 위급한 상황이었다. 어느 누구도 자신 있게 나설 수 없었다. 잘못하다간 무게 때문에 더욱 위험한 상황이 될지 모르기 때문이다.

순간 나는 '만약 말론이 교회 공사를 하다가 떨어져 죽고 나 혼자 살아남는다면 내가 무슨 목자란 말인가?' 하는 생각이 들었고, 어디서 그런 용기가 났는지 모르지만, 엿가락처럼 휜 철재 사다리를 타고 4m 중간까지 올라갔다.

"말론! 우리 하나님께 기도하자! 하나님께서는 반드시 너를 살리신다!"

말론은 교회 개척 초기부터 개척 당시 말론은 초등학교 6학년 우리 교회에 출석한 친아들과도 같은 청년이었다. 새파랗게 질린 말론을 안정시킨 뒤 겁내지 말고 조금씩 몸을 움직이라고 했다.

"하나님께서 반드시 너의 생명을 지켜 주시니 겁먹지 말고 조금씩 움직여서 내 쪽으로 내려오거라. 그리고 내 손을 잡아라."

말론의 눈에서 닭똥 같은 눈물이 떨어졌다. 얼마나 무서웠으면 장성한 청년이 눈물을 흘렸겠는가. 그런데 나중에 들어 보니 그 눈물의 의미는 다른 동료들은 겁이 나서 소리만 지르는데 연약한 여자의 몸으로 자신을 구하러 올라온 영의 어머니인 나를 보고 감동을 받아 울었다는 것이다.

온몸에 식은땀이 흐르는 긴장된 시간이 2~3시간이나 계속되었다. 말론 형제는 조심조심 몸을 움직이기 시작했고, 옆 철재 사다리를 조심스럽게 떼어 내는 여유까지 보였다. 마지막에 내 손을 잡았을 때는 오히려 내가 떨어질까 봐 나를 부축하듯 해서 내려왔다.

성도들이 환호하며 박수를 쳤다. 나는 그제야 긴장이 풀려서 온몸이 부들부들 떨렸다.

"아이고, 하나님! 감사합니다."

당시 21세의 청년 말론은 현재는 신학생이 되었고, 결혼하여 두 자녀를 두었으며, 우리 교회의 성실하고 믿음직한 재정집사가 되었다.

북부에서 사역하는 출로 전도사와 고등학교 때부터 사귀던 신학생 아일린이 신학교를 졸업하자마자 우리 교회에서 결혼식을 올렸다. 나는 주례 자격증이 없어서 필리핀인 티아뇨 목사와 함께 공동 주례로 첫 주례를 인도했다.

필리핀은 결혼식 절차가 아주 복잡해서 2~3시간 동안 계속된다. 요즘은 현대식 결혼예식을 올리기도 한다.

신랑 신부는 전통 바롱 필리피노 남자 정장와 바롱 필리피나 여자 정장를 입고 친구들은 같은 색깔의 정장을 입는다. 대부와 대모가 입는

촐로, 아일린 전도사가
한알의밀알교회에서 결혼식을 올렸다.

드레스도 따로 있다. 성전의 강대상부터 입구까지 꽃으로 장식하고 신랑 신부를 하나로 묶는 노끈과 동전을 엮는 예식 부자가 되라는 의미이 있는가 하면 반지 교환식과 신랑 신부 쪽의 특송과 댄스가 이어진다. 예식 후에는 손님들에게 식사를 대접한다.

필리핀은 전통적으로 남자가 100% 모든 결혼 비용을 감당하지만 요즘은 양측이 합의해서 여자 쪽에서도 일부 감당하는 모양이었다.

촐로 전도사의 집안은 형편도 좋지 않고, 우리 교회의 첫 번째 영적 아들인 만큼 교회에서 재정을 일부 보조해 줬다. 남녀 선교회에서 음식을 준비해 주었고, 꽃 장식은 새벽시장에서 싸게 구입해서 청소년들이 예쁘게 꾸몄다.

결혼 후 아일린 전도사는 남편의 사역을 돕기 위해 북부 발발란으로 떠났다. 북부의 도지사가 예수님을 구주로 영접해서 그 집을 빌려 예배를 드리고 있다고 했다. 이제는 70~80명이 꾸준히 모인다고도

했다. 촐로 전도사는 성도 중 한 사람이 땅을 기증해서 작게나마 교회를 짓고 싶다면서 기도를 부탁했다. 마음 같아서는 돕고 싶었지만, 우리 교회 역시 큰 재정난에 허덕이고 있을 때여서 성도들과 기도로만 중보했다.

그런데 뜻밖에도 오정성화교회에서 장로 취임 예배 때 드린 헌금을 발발란 교회를 세우는 데 사용하고 싶다고 해서 600만 원이 넘는 헌금으로 북부 오지에 '발발란 교회'가 세워지게 되었다.

할렐루야!

2002년 12월 20일에는 64세의 토니 집사가 드디어 신학교를 졸업하고 사마르 지역으로 파송되어 나갔다. 그런데 한 달도 채 안 돼 슬픈 소식을 접해야 했다. 토니 선교사가 인도하는 성경공부에 나오는 한 성도의 가정이 공산당들에게 살해당했다는 소식이었다. 개신교가 들어오는 것을 방해하기 위해 일가족 전체를 죽인 것이다. 이렇게 무시무시한 상황에서도 토니 선교사는 조금도 굴하지 않고 목청껏 복음을 증거하고 있었다. 우리는 우상 숭배와 NPA_{New People's Army: 공산당}가 많고, 천주교 세력이 특히 강한 사마르 지역을 위해 눈물로 기도했다.

팜팡가 지역으로 떠난 노르나 선교사는 신학교 선배인 잰 목사와 결혼하여 세 명의 아이를 출산했다. 한때 이웃 교회가 시기하고 성도들 간에 갈등이 있어서 어려움도 있었지만 잘 극복하고 교회에 유치원을 만들어 유치원 사역과 복음 증거를 하고 있다. 이곳도 물질의 어려움을 겪고 있었다. 특히 한 살배기 딸이 바이러스 감염으로 3주 동안 병원에 입원해 고생을 했다. 우리 교회는 물질로 도움을 줄 수는 없었지만 기도로 중보했다.

새로 신학교를 졸업한 린린 전도사는 릴리아 선교사를 돕기 위해 탈림 섬으로 파송되어 갔다. 이들은 주일학교 학부모를 공략하기 위해 무료 유치원을 개설하고 오전 10~12시까지 아이들을 돌봐 주고 있으나, 탈림 섬이 노름과 도박, 마약 등으로 워낙 타락한 섬이라 복음 전파가 쉽지 않았다. 무엇보다 여자 둘이 사역하다 보니 밤이면 술 취한 남자들이 사택을 침입해서 치안이 불안했다. 다행히 섬 출신인 릴리아 가족의 도움으로 여러 번 위기를 넘길 수 있었다.

피콜 지역으로 파송된 롤리 선교사는 피콜신학교에서 강의하는가 하면 교회 개척에 힘을 쏟았다.

공산권인 미얀마로 파송된 반 누웨 선교사는 누구보다 고초가 심했다. 공산권에서 말씀을 전파하기가 쉽지 않거니와 학교 교사로 일하는 아내의 적은 봉급으로 생활하려니 재정적으로도 몹시 힘들었다. 우리 교회가 어서 재정적 어려움에서 벗어나야 이들을 후원해 줄 텐데 안타까운 마음에 더 무릎을 꿇게 된다.

안티폴로 지역은 사라 자매가 결혼하여 남편을 따라 교회를 떠나게 되어 고등학교를 갓 졸업한 주일학교 교사인 재말린과 로마벨 자매가 사라 자매를 대신해 인도하게 되었다. 100여 명의 어린이들을 데려올 만한 차량이 없어서 대신 교사 선교사를 매 주일 오후 2시부터 4시까지 파송한 것이다.

부둣가 철거 지역인 필라필라 지역에도 어린이들이 150명 이상 되고 청소년들도 50여 명이 되어 교사 미쉘 자매와 아리스 형제를 매주 토요일 8시부터 12시까지 파송하여 주일학교와 청소년 예배, 장년들 성경공부까지 인도하게 했다.

성탄 전날에 우리 마을과 가까운 몬테 비스타 Monte Vista 지역에서 큰 사건이 터졌다. 술을 먹고 집으로 돌아온 아버지가 혼자 마약을 즐기다 자신의 8개월 된 갓난아기를 성폭행하여 창자가 튀어나오고 질식사한 사건이다. 인간으로서 도저히 용납할 수 없는 죄를 저지른 것이다. 그 시간 아기의 엄마는 부잣집 가정부로 들어가 일하고 있었다. 필리핀에서는 이처럼 일하는 엄마를 대신해 가사를 돌보는 아버지가 많았다. 너무나 슬프고 안타까운 현실이다.

우리 교회에서도 사건이 일어났다. 토요일 오전 9시에 주일학교 교사들이 두 명씩 짝을 지어 어린이들의 집을 가가호호 심방하고 있었다. 그런데 조이 자매와 제말린 자매가 울면서 교회로 뛰어왔다. 주일학교에서 자기가 맡고 있는 아홉 살 여자아이가 아빠에게 문이 잠긴 채 성폭행을 당하고 있다는 것이다.

"구로! 뚤룽안 모뽀 아꼬!" 선생님! 저 좀 도와주세요!

흐느껴 우는 교사들과 함께 나는 긴 대나무 한 자루를 들고 황급히 그 집까지 달려갔다. 그러나 이미 사건이 끝난 뒤였다. 아버지는 온데간데없고 아이는 옷이 벗겨진 채 울고 있었다.

나는 매주 토요일 저녁이면 집에 온다는 아이의 엄마를 집사들과 함께 찾아갔다. 그런데 아이 엄마의 태도가 정말 이상했다.

"우리 남편은 절대 그럴 사람이 아니다!"

필리핀 현지인인 우리 교회 교사 두 명이 증인이라고 말하는데도 아이의 엄마는 고개를 돌리며 듣는 척도 안 했다. 허탈한 마음으로 교회에 돌아와 주일학교 교사들을 위로하며 악하고 음란한 이 마을의 악한 영을 기도로 쫓아내자고 격려했다.

6시 30분, 저녁기도회에서 말씀을 증거하는데, 16세쯤 되어 보이는 여자아이가 머리는 헝클어진 채 맨발로 걸어 들어오며 고통을 호소했다. 발에는 피가 철철 나고 있었다. 나는 처음에 귀신 들렸나 했는데 눈을 보니 정상이었다. 어떻게 내 이름을 알았는지 두려움으로 온몸을 떨며 숨겨 달라고 했다.

"파스토라 에미! 뚤룽안 모뽀 아꼬!" 에미 목사님! 저 좀 도와주세요!

사연인즉, 술에 취한 오빠로부터 겁탈당할 뻔했다는 것이다. 더구나 오빠는 결혼해서 아이까지 두었고, 그날은 남의 집 가정부로 일하다 돌아온 올케까지 있었다. 그녀는 산 위의 쓰레기 마을인 '합바이 나망가'에서부터 오빠를 피해 맨발로 도망쳐 오느라 발에 피가 난 것이다.

일단 간단한 기도로 기도회를 마친 뒤, 알코올과 연고로 발의 상처를 치료해 주었다. 그리고 다음날 아침, 교회 성도인 글로리아 자매와 동행해서 그녀의 이모 댁까지 데려다 주었다.

상황이 이렇다 보니 성탄절 나의 설교는 설교가 아니라 그야말로 눈물의 호소였다.

"사랑하는 성도 여러분! 회개하여 우리의 모든 죄가 용서받아야 합니다. 천국이 가까웠습니다."

> "이 때부터 예수께서 비로소 전파하여 이르시되 회개하라 천국이 가까이 왔느니라 하시더라" 마 4:17

내가 기뻐하는 금식은 흉악의 결박을 풀어 주며
멍에의 줄을 끌러 주며 압제 당하는 자를 자유하게 하며
모든 멍에를 꺾는 것이 아니겠느냐
또 주린 자에게 네 양식을 나누어 주며
유리하는 빈민을 집에 들이며 헐벗은 자를 보면 입히며
또 네 골육을 피하여 스스로 숨지 아니하는 것이 아니겠느냐

이사야 58장 6-7절

천국 열쇠의 비밀 5
벽이 두꺼울수록 금식으로 돌파하라

부흥을 가로막는 벽을 돌파하라

고난의 21일 금식기도와
내가 본 천국

온몸에 거룩한 기운,
즉 평화와 기쁨이 넘쳐 났다.
나는 그곳에서 마치 날아다니는 듯했다.

　나는 어려서부터 몸이 약했다. 잔병치레가 많았고 병원신세도 많이 졌다. 여고 1학년 때 처음으로 3일 금식을 했는데 대낮에도 별이 보여서 걷기조차 힘들었다. 내게 금식기도는 넘기 힘든 산이었다.

　잔금을 치르지 못하자 건재상 사장들이 외상값을 안 주면 이민국에 고발하여 강제 출국시키겠다고 엄포를 놓았다.

　"어이~ 코리아나! 바야란모 무나 앙 우땅 모! 발리우까바! 빅얀 모 무나 아꼬 닝빼라!" 한국 넌아! 외상 먼저 갚아! 돈 내놔!

교회 대문 앞에서 빚쟁이들로부터 멱살잡이를 당하기도 했다. 그 모습을 불신자들이 둘러서서 조롱하듯 구경했다. 앞에는 홍해 바다고 뒤에는 애굽 군대가 쫓는 상황이었다. 우여곡절 끝에 성전은 80% 완성되었지만, 정말이지 이렇게까지 해서 성전을 지어야 하는가, 회의가 들었다.

'그래, 죽으면 죽으리다!'

빚쟁이들에게 나의 21일 금식이 끝나는 날까지 기다려 달라고 했다. 무슨 일이 있어도 돈을 꼭 갚겠다고 사정했다.

2003년 2월 10일부터 21일 작정 금식기도에 들어갔다. 시작 때부터 육신도 마음도 이미 지친 상태였다. 영국에서 힘겹게 공부하는 남편과 샬롬이에게는 이런 상황을 알리지 않았다. 이 일은 내가 감당할 하나님의 훈련이라고 믿었기 때문이다.

"주님! 교회 목회만 하라고 하시면 얼마나 좋을까요?"

교회는 계속 부흥되고 있었다. 교회 건축만 아니라면 신나게 목회할 수 있을 것 같았다. 금식 3일째부터 하혈이 쏟아지고 입에서도 피가 쏟아졌다.

'왜 자꾸 피가 나올까? 정말 나는 여기까지인가? 나야 죽어서 천국 가면 좋지만 우리 교회와 이 많은 빚을 어떻게 해결한단 말인가?'

하염없이 눈물이 흘러내렸다. 금식 10일째 되는 날은 특히 하혈이 심해서 이불을 피로 적셨다. 물도 넘기지 못해 물을 마시면 오히려 그보다 배 이상의 피를 토했다. 그러고는 쓰러져 정신을 잃었다.

사도 요한은 요한계시록 4장 1절에서 하늘에 열린 문이 있다고 했는데, 꿈일까, 생시일까? 나는 죽은 것일까? 내 영이 몸과 분리되어 우주로 올라가는데 그 위에 사도 요한의 말대로 열린 문이 있었다. 타원형의 빛으로 둘러싸여 눈이 부셨다. 나는 갑자기 그 문 안으로 쑥 빨려 들어갔다. 그리고 하늘 위 중앙에 온통 강한 빛으로 둘러싸인 보좌가 보였다. 그 우편에는 눈처럼 하얀 세마포 옷을 입은 예수님이 서 계셨다. 내가 꿈에서 보던 그 예수님이시다.

나를 보며 밝은 미소를 지어 주셨는데 역시 빛으로 둘러싸여 나는 똑바로 쳐다볼 수가 없었다. 보좌 앞에는 유리 바다처럼 맑고 투명한 물이 흘렀다. 그리고 숫자를 셀 수 없는 많은 천사들 특히 아기 천사들이 하프 연주와 함께 춤을 추었다. 여기저기서 흰옷을 입은 자들의 웃음소리가 들렸고 내 마음에도 기쁨과 환희, 감격이 흘러넘쳤다.

'아, 이곳이 천국이구나. 너무도 좋구나! 그럼 나는 이미 죽어서 천국에 온 것일까?'

온몸에 거룩한 기운, 즉 평화와 기쁨이 넘쳐 났다. 나는 그곳에서 마치 날아다니는 듯했다. 부드러운 솜이불 위를 사뿐사뿐 걷는 느낌이었다.

천상에서 마치 에코처럼 "할렐루야! 주님께 영광을!"이라는 소리가 웅장하게 울려 퍼졌다. 모든 자들이 너무 아름다워 쳐다보기만 해도 황홀했다.

예수님이 한 천사를 통해 나의 방을 보여 주셨다. 놀랍게도 순식간에 내 이름 석자 '김, 은, 주'가 씌어 있는 나의 집이 나왔다. 내가 손을 대자 그대로 문이 열렸다. 구름 위에 놓인 유리 같은 침대와 홍보석 같은, 아니 에메랄드 보석같이 빛나는 가구들이 보였다. 나의 가슴은 기뻐서 쉴 새 없이 두근거렸다. 이 순간의 행복이 깨어질까 봐 내 볼을 꼬집어 보기도 했다.

천사가 내게 이곳에서 무엇을 보고 싶냐고 물었다. 나는 아이들을 돌보는 곳을 보고 싶다고 대답했다. 그러자 눈 깜짝할 사이에 그곳으로 이동했다.

지상에서 죽은 아이들이 커다란 인큐베이터 같은 곳에 있었다. 그런데 그 작은 아이가 인큐베이터를 통과해 밖으로 나오는데 순식간에 18~20세쯤 되어 보이는 젊은이가 되어 흰 옷을 입고 나왔다. 인간 세상에서 낙태 등으로 쉽게 목숨을 잃은 생명들이 이곳에선 모두 귀한 생명으로 존중받아 성인이 되었다.

나는 그곳에서 부모님과 함께 팜팡가 지역으로 선교하러 가다가 차 사고로 죽은 '인종'이를 만났다. 인종이는 한때 우리 집에서 1년 정도 살기도 했던 아이였다. 인종이는 빛나는 옷을 입고 꽃밭 같은 데서 친구들과 즐겁게 대화를 나누고 있었다. 아주 행복해 보였다. 인종이는 내 손을 반갑게 잡으며 말했다.

"우리 엄마에게 전해 주세요! 저는 이곳에서 너무 행복하게 잘 지내고 있다구요! 곧 엄마 아빠도 이곳에서 만날 텐데요, 뭐."

잠시 후 나는 다시 예수님 앞에 섰다.

"딸아! 내가 너에게 무엇을 하여 주기를 원하느냐?"

지금 생각하면 참으로 어리석지만, 얼마나 빚에 시달렸으면 나도 모르게 이렇게 말했다.

"예수님! 제게 돈을 주세요. 이 큰일들을 맡기시려면 물질을 주셔야 일을 하지 않겠습니까?"

언제나처럼 예수님은 빙그레 웃으며 땅 쪽을 가리키셨다.

"자, 보아라!"

그것은 마치 커다란 수정 같은 거울이었다. 그런데 우리 교회가 다 완성되었을 뿐 아니라 커다란 체육관과 7층짜리 하늘색 건물인 선교사 훈련센터, 수영장, 병원, 교회 전용의 큰 도로, 보육원, 양로원, 학교 건물 등이 있었다.

"어찌 이 교회를 보고 크다 하느냐! 나는 네가 본 그대로 이 모든 일을 너에게 맡길 것이다. 아직도 너는 할 일이 많이 남아 있단다. 자,

가거라!"

나는 천국을 떠나기 싫어 눈을 지그시 감았다. 그런데 눈을 뜨자 천국이 아닌 바로 사택이었다. 마치 짧은 시간 동안 긴 여행을 다녀온 듯했다.

그리고 거짓말처럼 하혈도 멈췄고 입에서도 더 이상 피가 나오지 않았다. 힘은 들었지만 무사히 21일 금식기도도 마쳤다. 그런데 금식 중에 너무 먹고 싶은 음식이 있었으니 바로 배였다. 순진한 기도인 줄 알면서도 나는 기도했다.

"하나님! 배 한 개만 먹게 해주세요!"

21일 금식기도를 마치는 날이었다. 새벽예배에 가려고 방문을 열고 나가는데 문 앞에 한국 배 한 박스가 있는 것이다. 어린아이처럼 기뻐서 배 한 박스를 껴안고 기쁨의 눈물을 흘렸다.

"하나님! 배 한 개 달라고 했는데 한 박스나 주십니까?"

나중에 알고 보니 동료 선교사인 이교성 목사님 부부가 명성교회 성도들이 필리핀에 방문한다는 소식을 듣고 특별히 요청해서 갖다 놓은 것이었다.

그리고 바로 이어서 두 번째 기쁜 소식이 들렸다. 재일교포로 일본에서 김치공장으로 크게 성공한 이연순 집사님이 전화를 한 것이다. 남편이 교토교회에 다녀와서 언뜻 이름을 언급해서 기억에 남은 분이었다.

"안녕하십니까? 저는 일본에 사는 이연순 집사라고 합니다. 저는 원래 꿈을 꾸지 않는 사람인데 참 이상한 꿈을 3일 동안 연속으로 꾸었습니다. 꿈에 김종필 목사님께서 눈물을 흘리시는데 눈이 충혈되어 빨갛게 되었습니다. 갑자기 현미경 같은 큰 거울이 김 목사님 눈만 확대해서 보여 주는데 실핏줄이 터질 듯이 슬피 우는 것이었습니다."

처음에 나는 남편과 샬람이에게 21일 금식을 비밀로 했다. 하지만 3일쯤 지났을 때 영국에서 전화가 왔는데 나의 힘없는 목소리로 인해 남편이 나의 장기 금식을 알게 되었다.

내가 금식기도를 잘 못하는 줄 알기에 남편은 학교 가면서, 운전하면서, 도서관에서도, 집에서도 매일 울고 다녔단다. 이연순 집사님의 꿈은 분명 하나님의 응답이었다. 나는 그분께 오늘 21일 금식기도를 마친 것과 교회 건축의 어려움을 이야기했고, 그 꿈의 의미도 해석해 드렸다.

당시 교회 건물은 5년 넘게 짓는 중이었고 총 6억이 조금 넘게 들어갔다. 이제 전력과 우물 공사, 2층, 3층의 내부 작업만 마무리하면 되었다. 이연순 집사님은 그 다음날 밀린 외상 2,000만 원과 우물을 팔 수 있는 1,000만 원 해서 총 3,000만 원을 송금하셨다. 할렐루야!

"이 일 후에 내가 보니 하늘에 열린 문이 있는데 내가 들은 바 처음에 내게 말하던 나팔 소리 같은 그 음성이 이르되 이리로 올라오라 이 후에 마땅히 일어날 일들을 내가 네게 보이리라 하시더라" 계 4:1

눈물의
성전 헌당예배

드디어 6년 넘게 걸린 성전 건축의 여정을 끝내고 '헌당예배'를 하나님께 올려 드렸다.

6년이 넘는 교회 건축을 마치고, 드디어 영광스러운 헌당 예배를 드리게 되었다. 2003년 8월 19일 오후 3시, 우리는 '교회 11주년 기념 예배'와 '헌당예배'를 함께 하나님께 올려 드렸다.

특별히 나는 성도들을 훈련시켜 11년 동안의 교회 역사와 건축 과정을 담은 연극을 올렸다. 마침 샬람이가 영국에서 와서 영어로 멋진 해설을 해주었다. 참석자 모두는 살아 있는 교회의 역사를 보고 눈물을 흘렸고 감동과 감격의 예배를 드렸다.

영국에서 잠시 나온 남편과 은행 빚까지 내며 우리 교회의 건축을 위해 힘써 주신 오정성화교회 이주형 목사님이 주옥같은 말씀을 해 주셨다. 호산나 성가대와 탬버린 댄스, 모던 댄스, 남녀 선교회 특송과 주일학교 어린이들의 아름다운 특송 순서도 있었다.

시장을 비롯해 마닐라한국아카데미의 선생님들, 선교사님들, 일본 교토교회 성도님들 등 참으로 많은 분들이 오셔서 진심으로 축하해 주었다.

1997년 6월 10일 기공예배를 시작으로 6년이 넘는 기나긴 여정을 끝내고 마침내 550평 규모의 4층 건물이 완공된 것이다. 1층은 소성전과 사무실, 목양실, 식당과 남녀 기숙사, 2층은 대성전과 부속 성전을 하나님께 감사함으로 올려 드렸다. 그동안 수많은 금식기도와 건축을 위한 특별새벽기도회, 여리고행진 등 피를 토하는 성도들의 헌신이 있었다. 그랬기에 헌당예배는 우리 교회 모든 식구들에게는 잊을 수 없는 감격의 날이었다.

또한 이날 미국의 홍석구 장로님이 12인승 승합차를 헌물해 주셨다. 이제 먼 길을 오는 성도들을 수월하게 모셔 올 수 있게 됐다. 뿐만 아니라 이렇게나마 남편과 샬람이를 볼 수 있어 더 기뻤다.

8월 23일 주일예배 때였다. 남편이 오랜만에 강단에서 불의 설교를 했다. 샬람이는 짧은 간증과 함께 성악으로 아름다운 특송까지 했다.

그런데 광고 시간에 갑자기 하나님께서 남편과 내게 동시에 말씀하셨다.

"아들아! 너는 나의 여종에게 안수하여 이 교회를 전적으로 담임하게 하라!"

남편도 놀랐고 나도 놀랐다. 성도들도 몹시 당황했다. 이제 곧 영국에서 박사과정을 마치면 남편이 돌아와 목회를 해야 할 텐데 왜 하나님이 새롭게 기름 부으시려는지 모두 이해할 수 없었다.

남편이 내 머리에 손을 얹고 안수했다. 그 순간 하얀 비둘기 같은 성령이 임하심을 느꼈다. 마치 엘리야가 엘리사에게 리더십을 넘겨주는 듯한 느낌이었다. 하지만 그때는 단순히 내가 잠시라도 사역하기 편하라고 하나님께서 이렇게 인도하시는 거라고 생각했다.

그날 밤, 우리 가족은 무릎을 꿇고 기도했다. 남편이 주님의 말씀처럼 2년 6개월 만에 박사과정을 끝내고 돌아오게 해달라고 기도했다. 이제 1년이 남은 셈이었다. 하지만 그때까지 우리는 우리 가족이 다시 헤어지게 되리라고는 상상도 하지 못했다.

다음날 아침, 내가 직접 운전하여 남편과 딸을 공항까지 배웅해 주었다.

"딸아! 우리의 능력이 되시는 하나님께서 너의 앞길을 예비하시고 인도하실 거야! 우리 많이 보고 싶고 힘들어도 각자의 자리에서 최선을 다하자!"

"엄마도 아프지 말고 건강하세요. 내가 기도할게요!"

남편과 딸은 영국으로 향했고 나는 다시 필리핀에 홀로 남았다. 가족과 헤어져 돌아오는데 눈에서 하염없이 눈물이 흘렀다. 그런데 눈앞의 하늘에 진한 무지개가 떠 있었다.

"아니, 비도 안 왔는데 웬 무지개지?"

그 말이 끝나기도 전에 우회전을 하여 고속도로 C5 쪽으로 향하는데 또 하나의 무지개가 보였다.

"어, 쌍무지개다! 쌍무지개!"

하나님의 약속, 언약의 상징일 것이다.

> "내가 내 무지개를 구름 속에 두었나니 이것이 나와 세상 사이의 언약의 증거니라" 창 9:13

성전을 헌당하기까지 숱한 금식기도와 특별새벽기도회,
여리고행진 등 피를 토하는 성도들의 헌신이 있었다.
이 모든 일을 가능하게 하신 분은 바로 주님이시다.

너희의 고통이 변하여
큰 기쁨이 되리라

성탄절에 주일학교 어린이들이
특송을 하나님께 올려드렸다.

　2003년 11월 3일부터 50일 동안 우리 교회는 전 성도가 새벽 4시 15분에 모여 '아침 금식기도와 여리고행진'을 했다. 성탄 전날 밤에는 호산나 성가대를 중심으로 성도들 가정을 돌며 아름다운 캐럴을 불렀으며, 특별 성탄 감사예배는 지난해와 달리 각 가정에서 헌 옷과 쌀을 두 달 동안 정성껏 모아 왔다. 가난한 성도들이 더 가난한 50가정을 초청하여 돕기 위해서였다. 늘 받기만 하던 교회 성도들이 더 어려운 이웃을 돕는 데까지 성장한 것에 하나님께 감사드렸다. 예배에는 찬양과 율동, 태권도팀 공연 등을 주님께 올려 드렸다. 특별히 각 가정에서 한 가지씩 준비한 음식을 성전 앞 테이블에 헌물하고 예배 후 함께 먹었다. 마치 초대 교회 때처럼 떡을 떼며 교제하는 시간이었다.

> "날마다 마음을 같이하여 성전에 모이기를 힘쓰고 집에서 떡을 떼며 기쁨과 순전한 마음으로 음식을 먹고 하나님을 찬미하며 또 온 백성에게 칭송을 받으니 주께서 구원 받는 사람을 날마다 더하게 하시니라" 행 2:46-47

교회가 어느덧 성장해 2004년에는 주일학교 교사 12명을 더 임명하여 총 26명의 교사가 임명되었다. 안수집사 1명, 권사 1명, 집사 5명도 새로이 임명했다. 그리고 성가대와 반주를 맡아 줄 닐 전도사와 그의 아내 헤셀 전도사가 부임해서 찬양뿐 아니라 청소년 예배와 새신자반 성경공부도 인도해 주었다.

4월 12일, 리살 주의 모든 목회자들이 우리 교회에 모였다. 특별히 새로 선출될 대통령 선거를 위해 통성으로 기도하는 한편, 나라와 민족, 개신교의 부흥, 리살 주 목회자들의 단합을 위해 기도했다. 고맙게도 여선교회에서 70여 명의 목회자들을 위한 도시락을 준비해 주었다. 이렇듯 한알의밀알교회는 지역 사회와 복음 전파를 위해 조금씩 그 영역을 넓혀 가고 있었다.

4월 26일, 닐 전도사가 생애 처음으로 10일 금식기도를 했다. 닐 전도사는 벧엘신학교를 수석으로 졸업한 우수한 인재였다. 그의 어머니는 침례교회 목사님으로 어려서부터 교회 안에서 말씀 교육을 잘 받고 자랐다. 그런데 닐 전도사는 우리 교회에 와서 심각한 혼란을 겪어야 했다. 그는 '성령 운동'과 '방언'은 사도 시대에 이미 끝났고 하나님은 거룩하고 조용한 예배를 받으신다고 믿고 있었다. 그런데 우리 교회에 와서 보니 통성기도는 물론이고 방언기도도 하고 새벽기도와 매일 저녁기도까지 하는데다 성령의 역사가 일어나는 것을 직접 체험하다 보니 몹시 혼란스러웠던 것이다.

"Pastora Amy! ako po ay naniniwala Sa Diyos, Pero po ang gusto ko ay tahimik at banal lamang." 저는 하나님을 믿어도 고상하고 거룩하게 믿고 싶습니다.

어느 날 저녁, 나는 선교사님들과 미팅이 있어서 닐 전도사에게 저녁기도회를 인도해 달라고 부탁했다. 그런데 그날따라 글로리아 자매가 환자들과 귀신 들린 청년을 교회에 데려왔다.

닐 전도사가 설교하는데 갑자기 귀신 들린 청년이 강대상으로 올라가서 닐 전도사의 목을 조르기 시작했다. 닐 전도사는 헉헉거리며 소리를 질렀다.

"예수 이름으로 명하노니 악한 귀신아, 이 청년에게서 물러가라! 나오라!"

나는 선교사님들과 미팅이 끝나는 대로 돌아와서 예배실 뒷자리에 앉아 있었다. 귀신 들린 청년은 아까보다 더 거칠게 닐 전도사를 움켜쥐었고, 성도들은 안타까워서 뒷자리에 앉은 나를 쳐다보았다. 그때 성령님이 내게 말씀하셨다.

"딸아! 지금 나가서 도와주라."

청년은 직업이 택시기사인데 아내가 홍콩에 해외 노동자로 나가자 밤마다 성적 욕구를 채우기 위해 창녀촌을 전전했다. 원래 이름은 제임스James지만 창녀촌에서는 라시Racy로 통했다. 청년은 창녀촌에서 무분별하게 성관계를 갖다가 악한 영이 침입해 귀신이 들렸다.

"너 이름이 뭐야?"

"내 이름은 제임스 아니 라시."

"예수 이름으로 명하노니 사탄아 물러가라!"

그러자 청년은 귀신으로부터 자유함을 얻었고, 함께 온 그의 어머니와 형제들이 크게 기뻐했다. 나는 더 악한 영들이 들어올지 모르니 에베소서 6장 10-20절 말씀을 묵상하고, 이제부터 믿음 생활을 잘하라고 권면했다.

이 사건 이후 닐 전도사가 달라졌다. 원래 내가 한마디 하면 열 마디를 하던 그였는데, 능력이 없으면 자신의 지식은 아무것도 아니라는 걸 깨닫고는 진지한 표정으로 10일을 금식기도 하겠다고 했다. 단 하루가 아니라 10일을 하겠다는 것을 보면 그날 단단히 충격을 받은 모양이었다.

하지만 닐 전도사는 생애 처음 도전하는 금식기도인지라 무척 힘들어했다. 7일째 되던 날 닐 전도사는 무릎을 꿇고 어린아이처럼 큰 소리로 울며 회개했다. 나는 성령에 이끌려 닐 전도사에게 안수기도를 해주었는데 그 큰 덩치에 뒤로 '쾅' 하고 쓰러졌다. 그날 닐 전도사는 처음으로 천국을 체험했다.

닐 전도사는 블락간 출신으로 고급 타갈로그어를 구사할 수 있었다. 그는 자기가 본 천국을 요한계시록 21장 11-27절 말씀을 토대로 잘 정리하여 타갈로그어로 성도들 앞에서 간증했다. 금식을 마친 주일에 설교를 부탁했더니 그토록 교만하던 그가 눈물 콧물을 흘리며 겸손하게 천국을 간증했다.

2003년부터 3년 동안 교회에 기사를 둘 형편이 못 돼 내가 직접 교회 차를 운전하고 다녔었다. 특히 주일이면 안티폴로와 사붕안, 티클린 등을 돌며 어린이와 청소년, 장년들까지 데려왔고 예배가 끝나면 다시 데려다 주었다. 어떤 때는 예배 시간보다 늦게 도착해서 옷도 못 갈아입고 헐레벌떡 강단에 설 때도 있었다.

이렇게 이리 뛰고 저리 뛰며 너무 많은 일을 감당하다 보니 과로로 몸져눕게 되었다. 그러자 사택에 사는 닐 전도사 부부가 새벽부터 죽을 쑤어 왔고, 교회 내에 기거하는 11명의 자매들이 사택 청소까지 해주었다. 성도들이 어려운 형편에도 자기 주머니를 털어서 그 비싼 사과와 포도를 사다 주었다. 이렇게 사랑을 주는 이들이 있어서 나는 견딜 만했고 행복했고 감사했다. 다시 한 번 남은 내 생애를 더욱 한 알의 밀알로 주님께만 드리기로 결단했다.

2004년 7월, 남편은 하나님의 말씀대로 2년 6개월 만에 박사 논문이 통과되어 버밍엄 대학을 졸업하게 되었다. 사실 남편은 논문을 쓰기 위해 3개월 동안 바깥출입도 하지 않고 화장실 가는 시간도 아까워하며 혼신의 힘을 쏟았다. 그렇게 쓴 논문을 제출하고 통과를 기다리고 있을 때 하나님의 음성이 내게 임했다.

"딸아! 너는 필리핀을 중심으로 전 아시아 지역에 복음을 증거하고, 네 남편은 미국 보스턴으로 가서 '부흥 운동'을 일으키고 전 유럽으로 그 부흥의 물결을 확장시킬 것이다."

정말이지 청천벽력과 같은 말씀이었다. '남편이 오면 이제 나는 고생 끝이겠구나' 하며 얼마나 학수고대했는데, 2년 6개월 유학 생활을 마치고 돌아올 남편과 딸을 얼마나 손꼽아 기다렸는데, 또다시 헤어지라니, 눈물이 앞을 가려 밥 먹을 힘도 없었다. 눈물로 밤을 지새운 그날 밤, 너무나 선명한 생시 같은 꿈을 꾸었다.

우리 가족이 영국에서 비행기를 타고 북대서양을 건너고 있었다. 비행기 안에서 창문을 통해 밑을 내려다보는데, 커다란 손가락 같은 화살표가 무지개 빛 불꽃과 함께 세계 지도 위에 'B, O, S, T, O, N'이라는 글을 써 내려가는 것이었다.

"주님! 이것이 무슨 뜻입니까?"

"네 남편과 딸은 보스턴으로 떠난다! 그러나 너는 필리핀에 남아라!"

그리고 자세히 보니 잠실체육관보다 더 큰 경기장이 보였다. 그 안에는 100만 명가량의 사람들이 웅성웅성거리며 강단 쪽을 향하고 있었다. 눈먼 자와 중풍병자, 휠체어를 탄 환자 등이 예수님께 고침을 받고 있었다. 흑인, 백인, 황인종 등 나라와 민족이 다른 사람들이 모여들고 있었다.

그 강대상에 서 계신 분이 있어서 자세히 보니 남편 김종필 목사가 유창한 영어로 설교를 하고 있었다. 그리고 하얀 드레스를 입은 샬람이가 옆에서 피아노 연주를 하고 있었다.

나는 이 꿈을 세 번이나 연달아 꾸었다. 남편에게 전화로 전하니 남편 역시 몹시 실망했고, 나보다 더 큰 충격에 사로잡혔다. 남편이나 나나 이제 곧 다시 만날 생각에 꿈에 부풀어 있었다. 그런데 다시 헤어져야 하다니, 남편은 당시 그 명령이 그 어떤 명령보다 가혹하게 느껴졌다고 했다.

남편은 영국에서 몸부림을 하며 기도했다. 마치 야곱이 얍복나루에서 천사와 씨름했듯이 하나님께 매달렸다. 그러나 하나님의 대답은 오로지 한 가지였다.

"너는 보스턴으로 가라!"

이제 고2가 된 샬람이 역시 힘든 영국 생활을 마무리하고 필리핀으로 돌아갈 생각에 꿈에 부풀었는데 이만저만 실망한 게 아니었다. 남편은 논문이 통과되던 날, 운전을 하며 집으로 돌아오는데 내가 필리핀에서 보았던 쌍무지개를 영국 하늘에서 보았다고 한다.

남편의 졸업식 후 하나님은 우리 가족에게 특별한 선물을 주셨다. 바로 유럽 여행이었다. 모처럼 가족과 함께 느껴 보는 행복한 시간이었다. 독일과 프랑스 등 8개국을 여행했는데, 사실 그때까지도 그것이 우리의 이별 여행이 될 줄은 몰랐다.

처음 영국 방문 때처럼 미국에서의 처음 3주를 나는 가족과 함께 지냈다. 보스턴 공항에는 필리핀의 이교성 목사님과 친분이 있는 전덕영 목사님이 배웅을 나오셨다. 그분은 우리 가족을 한국인이 운영하는 하숙집으로 인도하셨다. 우리는 하숙집 주인에게 싼 월세집을 얻을 수 있도록 도와달라고 부탁했다. 주인아저씨는 고맙게도 생활정보신문을 통해 급하게 다른 주로 이사를 가게 되어 월세를 싸게 내놓은 행콕빌리지의 집을 구해 주었다. 방은 비록 한 칸짜리였지만, 비싼 하숙비를 내느니 2개월 동안만이라도 이곳에 머물면서 하나님의 인도하심을 따르기로 했다.

남편은 하버드의 신학교에서 하비 콕스 박사의 추천으로 교환 교수가 되면 미국에서 비자 문제가 해결될 것이라면서 2개월만 고생하자고 했다. 그러나 그 해 하버드 신학교는 매해 12~13명의 교환 교수를 초청하던 것을 재정 문제로 3명만 초청하기로 했다. 이미 오래전에 신청한 분들이 우선순위가 되자 남편은 무작정 기다려야 하는 상황이 되었다.

남편의 교환 교수 신청이 뜻대로 되지 않자 샬람이도 비자 없이는 아무것도 할 수 없어서 고등학교에 전학하지 못했다. 필리핀의 한알의밀알교회는 성전도 완공되었고 성도도 800여 명으로 부흥했는데, 더구나 사택도 잘 꾸며졌는데, 남편과 딸은 낯선 땅 미국에서 또다시 필리핀 초창기 때처럼 어려움을 당하게 된 것이다.

누구 하나 의지할 데 없는 곳에서 우리 가족은 다시 무릎을 꿇고 하나님께 매달렸다. 그러자 주님은 다시 큰 비전으로 우리를 위로하

임마누엘 가스펠 센터의
더글라스·주디 홀 부부와 함께

셨다.

"너희의 고통이 변하여 큰 기쁨이 되리라! 너는 미국인을 대상으로 사역하라! 그리고 미국을 중심으로 전 세계와 유럽으로 '부흥'과 '기도 운동'을 일으킬 것이다."

언제나 그랬던 것처럼 우리 가족은 위기에 강하다. 먹을 것이 없어도 입을 것이 없어도 그동안 주님께 받은 '강훈련' 덕분에 이길 수 있다. 사도 바울이 빌립보서 4장 11-12절에서 한 고백이 생각난다.

"내가 궁핍하므로 말하는 것이 아니니라 어떠한 형편에든지 나는 자족하기를 배웠노니 나는 비천에 처할 줄도 알고 풍부에 처할 줄도 알아 모든 일 곧 배부름과 배고픔과 풍부와 궁핍에도 처할 줄 아는 일체의 비결을 배웠노라" 빌 4:11-12

남편은 종교비자를 신청했고, 하나님의 은혜로 10년짜리 종교비자를 받게 되었다. 그래서 샬람이는 고2로 뉴턴하이스쿨에 전학하게 되었고, 집도 뉴턴의 작은 아파트로 이사하여 1년 계약을 했다.

"여호와께서 그들을 도와 건지시되 악인들에게서 건져 구원하심은 그를 의지한 까닭이로다" 시 37:40

불의와
타협하지 말라!

눈물을 흘리며 간증하던 조릭 가쿨라 시장

　나는 무거운 마음으로 필리핀에 다시 돌아왔다. 그러나 곧 심방과 전도 등으로 바쁜 나날이 시작되었다.

　2004년 10월 10일, 새롭게 타이타이 시장이 된 조릭 가쿨라 시장이 우리 교회 대예배에 참석했기에 설교를 마친 뒤 그에게 간증할 시간을 할애해 주었다. 그의 간증은 참으로 진실했고 겸손했다. 선거 때 돈이 없어서 봉사자들을 제대로 먹이지 못해 안타까웠다는 얘기나 눈물로 하나님께 골방에서 기도드렸다는 얘기를 할 때는 눈시울이 뜨거워졌다. 이제 나이가 만으로 39세인 젊은 시장은 모든 부정과 부패를 몰아내고 타이타이 시의 발전을 위해 온몸을 불사르겠다고 각오를 다졌다. 내가 그를 위해 축복기도를 해주자 그는 눈물을 흘리며 하나님께 감사드렸다.

이제 타이타이 시의 발전을 위해 믿음이 좋은 시장을 우리에게 주셨다고 나와 성도들은 하나님께 감사했다.

하지만 권력 앞에서는 그렇게 순수하던 사람도 변하는 것일까? 교회 건축 일로 시청에 들르면 언제나 반갑게 맞아 주던 조릭 가쿨라 시장이 언제부터인가 목이 굳어져 인사도 제대로 안 하고 눈도 피했다. 정치에만 눈이 떠서 가난한 서민들의 사정은 외면했다. 이제 더 이상 예전의 순수하던 눈빛을 찾아볼 수 없었다. 물론 조릭 가쿨라 시장은 타이타이 시를 위해 많은 일을 했다. 리잘의 먼지만 날리던 2차선 도로를 4차선 콘크리트 도로로 확장하는 등 예전 시장과 달리 많은 헌신을 했다.

가쿨라 시장이 4년의 임기를 마칠 즈음이었다. 마리빅이라는 가난한 성도가 목에 염증이 생긴 줄 알았는데 검사 결과 식도암이 조기에 발견되었다. 시장의 사인만 있으면 국립병원에서 무료로 수술을 받을 수 있다고 해서 아침부터 서둘러 시청에 갔다. 선거철이라 그런지 여기저기에 포스터가 걸려 있었고 달력 형식으로 조릭 가쿨라 시장의 얼굴을 찍은 사진도 걸려 있었다.

이미 많은 사람들이 시장을 만나기 위해 줄을 서 있었다. 나는 맨 끝에 가 섰다. 그런데 나를 외면하던 조릭 가쿨라 시장이 비서를 통해 나와 일행을 자신의 사무실로 불렀다.

"에미 선교사님! 들어오세요. 그동안 제가 너무 바빠서 제대로 인사도 못했습니다."

내가 그렇게 반갑게 인사해도 눈도 안 마주치더니 왜 갑자기 이러나 싶었다. 그런데 이야기를 들어 보니, 이번에 시장 선거에 재출마하게 되었는데 우리 교회 차량과 함께 성도들이 노란 띠를 가슴에 달고 자신의 선거운동을 해달라는 것이었다. 그리고 나더러 자신의 홍보대사가 되어 달라고 했다.

나는 두 눈을 크게 뜨고 조릭 가쿨라 시장을 똑바로 쳐다보며 말했다.

"조릭 가쿨라 시장님! 나는 복음을 전하는 선교사요, 말씀을 증거하는 목자입니다. 내가 당신을 위해 그 전처럼 기도해 줄 수는 있지만, 우리 교회 차량도 또 우리 성도들 단 한 사람도 당신의 선거운동을 도울 수는 없습니다."

그러자 그는 금세 얼굴이 굳어져서 차가운 목소리로 말했다.

"타이타이 시내에 다른 한국 선교사들은 내게 인삼차를 사 가지고 와서 빌딩 허가를 받게 해달라고 사정하고, 타이타이 시 소속의 개신교 목사들은 월요일부터 금요일까지 시청에 와서 나의 선거 홍보를 돕고 있는데, 에미 선교사만 목자입니까? 왜 이러는 겁니까?"

얼굴이 붉으락푸르락 화가 잔뜩 난 듯했다. 나는 하나님의 복음을 증거하는 선교사이지 시장 선거를 홍보하는 홍보대사가 될 수 없다고 분명하게 거절했다. 그가 다시 시장에 당선된다면 앞으로 교회 건축 허가 등에 차질이 생길 것이 분명했다. 하지만 그렇다고 불의와 타협할 수는 없었다.

예상대로 많은 표를 얻으며 조릭 가쿨라 시장은 또다시 타이타이 시의 시장이 되었다. 우리 교회는 매주 토요일이면 타이타이 마켓에서 노방전도를 했다. 시장에 당선된 조릭 가쿨라 시장이 거리 행진을 하던 날도 우리는 어김없이 거리로 나가 소리쳤다.

"예수 믿으세요!"

현악대 연주 소리와 함께 각양각색의 옷을 입은 예쁜 처녀들이 필리핀 전통 춤을 추며 오픈카 행렬에 동행했다. 나는 더욱 힘차게 외쳤다.

"예수님 믿으세요!"

그때 조릭 가쿨라 시장과 눈이 마주쳤다. 그는 나를 한심하다는 듯 차갑게 노려보고 있었다. 짧은 만남이었지만 기분 나쁜 여운이 오래도록 떠나지 않았다.

"주여! 조릭 가쿨라 시장이 우리 교회에서 흘렸던 그 진실하고 겸손한 눈물을 잊을 수가 없습니다. 주님께서 역사하소서! 만일 시장의 허가가 없으면 앞으로 지어야 할 경기장 등에 어려움이 생깁니다."

조릭 가쿨라 시장이 SM메가몰에 허가를 내주어 타이타이 시가 발전하게 됐다는 말을 들었다. 원래 SM메가몰은 지하 2층과 지상 5층으로 허가 신청을 했으나, 시장이 조경이 나빠진다면서 지하 2층, 지상 3층만 허가를 내주었다고 했다. 한편, 우리 마을은 새로운 주택 단지가 조성돼 2층 정도로 집을 지을 수 있었다. 주변에 SM메가몰, 산베다 대학 분교가 3층 건물로 들어서면서 땅 값이 어떤 곳은 8배, 10배로 뛰었다.

조릭 가쿨라 시장의 지위가 날이 지날수록 확고해지면서 나는 내심 걱정이 되었다. 앞으로 교회 내에 지을 건물이 많은데 그때마다 시장이 방해할까 봐서였다. 타이타이 시의 개신교 대표를 지낸 어느 목사는 매일 시청에 출근하다시피 하며 시장을 돕고 있었다. 그 덕분인지는 모르겠지만 그 목사의 아들이 시청 사무실에서 일하게 되었다.

그러나 신기하게도 2007년에 7층짜리 선교사 훈련센터 건물을 허가받기 위해 시청에 신청서를 냈을 때 조릭 가쿨라 시장은 엔지니어 토레스에게 이렇게 말했다고 한다.

"내가 SM메가몰도, 산베다 대학도 3층 빌딩으로밖에 허가내 주지 않았잖습니까! 그런데 주택가에서 7층짜리 건물을 허가해 달라니 이게 말이나 된다고 생각하십니까? 하지만 한 가지 분명한 것은 에미 선교사님은 기도하는 분으로 세상의 어떤 것과도 타협하지 않는 분입니다. 시청의 엔지니어들에게 현장을 답사하도록 한 뒤 7층 건물 허가를 승인하도록 하겠습니다."

과연 하나님이 하신 일이 아니라면 이것을 어떻게 설명할 수 있겠는가? 시내의 대형 백화점한테도 허가하지 않던 일을 단지 내가 기도하는 사람이고 불의와 타협하지 않는다는 이유로 허가를 해준 것이다. 그가 마음이 강퍅해져서 예전의 선한 눈빛을 더 이상 갖고 있지는 않지만, 그럼에도 조릭 가쿨라 시장은 알고 있었던 것이다. 하나님이 살아 계셔서 지금도 역사하고 계시다는 것을. 그 하나님을 두려워해야 한다는 것을.

2004년 10월, 우리 교회 신학생들이 두 번째로 한국을 방문하게 되었다. 닐 전도사와 그의 아내 헤셀 전도사, 신학교 1학년인 바동 형제와 크리스 형제, 노넬 형제가 떠났다.

이번에도 역시 오정성화교회에 많은 신세를 졌다. 명성교회에서는 새벽기도에 참석했고, 세계 최대의 교회인 여의도순복음교회에서는 텐트 교회에서 오늘의 교회로 성장하기까지의 교회 성장 비디오를 보았다. 담임목사인 이영훈 목사님은 맛있는 베트남 국수를 손수 대접해 주셨다. 4박 5일의 짧은 일정이었지만, 사랑하는 영의 자식들에게 잊을 수 없는 새로운 도전과 비전을 주기에는 부족함이 없는 시간이었다.

> "그러므로 나 주 여호와가 이같이 말하노라 너희가 새를 사냥하듯 영혼들을 사냥하는 그 부적을 내가 너희 팔에서 떼어 버리고 너희가 새처럼 사냥한 그 영혼들을 놓아 주며 또 너희 수건을 찢고 내 백성을 너희 손에서 건지고 다시는 너희 손에 사냥물이 되지 아니하게 하리니 내가 여호와인 줄을 너희가 알리라" 겔 13:20-21

오직 나는 여호와를 우러러 보며
나를 구원하시는 하나님을 바라보나니
나의 하나님이 나에게 귀를 기울이시리로다
나의 대적이여 나로 말미암아 기뻐하지 말지어다
나는 엎드러질지라도 일어날 것이요
어두운 데에 앉을지라도
여호와께서 나의 빛이 되실 것임이로다

미가 7장 7-8절

천국 열쇠의 비밀 6
열릴 때까지 기도하라

구하라! 천국 창고를 열어 주리라

사탄교 아볼라리오와의 대결

필리핀의 경제 위기가 계속되자 자녀를 파는 부모들이 생겼다. 나는 각 가정을 방문하여 '가정의 중요성'을 설교했다.

 필리핀의 경제 위기가 계속되자 마을 주민 중에는 자녀를 파는 사람들도 있었다. 남자아이는 1,000~3,000페소 우리나라 돈으로 2만 5,000~7만 5,000원, 여자아이는 500~1,000페소에 팔아넘기는 것이다. 우리 교회 성도 중에도 있었다. 2005년 올해로 14년째 필리핀에서 사역하고 있지만 자식을 파는 사건은 처음 당하는 일이었다. 지금까지 아무리 참혹한 상황이라도 적어도 자식을 팔지는 않았다.

 지난주에는 우리 마을에서 갓 태어난 아기를 검정 쓰레기봉투에 넣어 하수구에 버린 일도 일어났다. 지금까지 이 마을에서 일어난 여덟 번의 살인 사건 중 엄마가 자식을 죽인 사건은 이번이 처음이었다.

두 번의 태풍이 몰아쳤을 때도 눈물로 기도하며 이겨 냈는데, 글로리아 자매의 여동생이 가난 때문에 부잣집에 자식을 팔았다는 소식을 듣고 성도들은 큰 충격에 휩싸였다. 2005년 새해부터 암울한 소식을 들어서인지 나는 '가정의 중요성'에 대해 각 마을의 가정을 심방하며 설교했다. 바토바토 마을 116가구, 카시불란 94가구, 사붕안 20가구, 안티폴로 21가구, 필라필라 부둣가 84가구 등 모두 945곳의 가정을 돌았다.

2월 초 안티폴로 지역에 말라리아가 돌아 두 명의 아이가 죽었다. 그곳 장례식에 참석한 우리 교회 성도 중 4명도 말라리아에 전염되어 병원에 입원했다. 그리고 2004년에 다리 수술을 받은 로미 형제의 자녀 둘도 말라리아로 병원에 입원했다. 또 오토바이 기사로 일하며 힘겹게 가족을 부양하는 루이스 형제의 어머니가 천식으로 병원에 입원했다. 더 슬픈 소식은 우리 교회 개척 당시 초창기 성도인 칼로타 자매의 큰아들이 14세 어린 나이에 후두암에 걸려 주님 품으로 돌아갔다. 여기에 마을에는 피부병과 수두, 눈병까지 돌고 있었다.

급히 피부약과 안약 등이 필요했으나 의약 분업제로 인해 한국에서 약품 구입이 어려워져서 마닐라한국아카데미의 양호 선생님이 날

짜는 조금 지났지만 해열제, 감기약, 습진약 등을 보내 주었다. 습진 연고 250mg 하나의 가격이 필리핀 노동자들의 하루 품삯과 맞먹다 보니 각 가정에서는 기본적인 의약품마저 구비하지 못하고 있었다. 당연히 일주일도 안 돼 약이 떨어졌다. 우리 교회 성도는 물론이고 지난 태풍으로 우리 교회에 피신한 합바이 나망가에서 온 성도들과 안 믿는 주민들까지 도움이 필요했지만 방법이 없었다. 그런데 때마침 지난번 남편이 부흥 집회를 인도한 미국 '산호세 하나님의 교회'의 김영련 목사님이 귀한 선교 헌금을 보내 주셨다.

가장 급한 환자는 린다 자매였다. 린다는 지난번에 손가락 염증을 치료받은 자매인데, 교인들과 작은 충돌로 지방에 내려갔다가 7~8개월 후에 온몸에 암세포가 퍼진 상태로 다시 나타났다. 이미 어떻게 손을 써 볼 수 없는 지경이었다. 그녀는 교회로 돌아와 회개한 뒤 편안한 얼굴로 주님의 품으로 돌아갔다. 나는 5월의 찌는 더위 속에서 벌써 20여 명의 장례식을 인도하고 있었다. 몸도 지쳤지만 슬픔으로 마음이 천근만근이었다.

이런 와중에도 이단 종교 '아볼라리오'가 기승을 부렸다. 마치 무당처럼 병도 고치고, 주민들에게 싼 값으로 물약을 팔았다. 우리 교회 성도 중에도 이들에게 현혹된 사람들이 있었다.

6월 초, 저녁기도회를 마치자 주일학교의 꼬마가 내 이름을 간절히 부르며 달려왔다. 엄마가 지금 아볼라리오 사람들을 불러 집에서 굿을 하고 있다는 것이었다. 꼬마의 엄마는 아델라이다 Adelaida 로, 그녀는 한때 귀신 들려서 손을 묶은 사슬을 끊고 옷도 벗어 버린 채 이리저리 돌아다니기도 했다. 그런 그녀를 하나님께서 저녁기도회 때 고쳐 주셨다. 그런데 요즘 몇 주간 교회에 안 나온다 싶더니 다시 이단 교파에 빠진 것이다. 성경을 들고 집사들 몇 명과 그 집에 서둘러 심방을 갔다.

아니나 다를까, 검은 옷을 입은 아볼라리오 사람들이 검정 촛불 두 개를 켜 놓고 귀신을 부르며 신접하고 있었다. 나는 레위기 19장 31-32절을 읽었다.

"너희는 신접한 자와 박수를 믿지 말며 그들을 추종하여 스스로 더럽히지 말라 나는 너희 하나님 여호와이니라 너는 센 머리 앞에서 일어서고 노인의 얼굴을 공경하며 네 하나님을 경외하라 나는 여호와이니라."

그리고 출애굽기 20장 3절을 큰 소리로 읽었다.

"너는 나 외에는 다른 신들을 네게 두지 말라."

아볼라리오 사람들이 나를 죽일 듯이 노려보았으나 아랑곳 않고 출애굽기 20장 4-5절까지 마저 읽었다.

"너를 위하여 새긴 우상을 만들지 말고 또 위로 하늘에 있는 것이나 아래로 땅에 있는 것이나 땅 아래 물 속에 있는 것의 어떤 형상도 만들지 말며 그것들에게 절하지 말며 그것들을 섬기지 말라 나 네 하나님 여호와는 질투하는 하나님인즉 나를 미워하는 자의 죄를 갚되 아버지로부터 아들에게로 삼사 대까지 이르게 하거니와."

그런 다음 내가 읽던 성경을 그들에게 주며 예수님을 믿으라고 전도했다. 그들이 모두 돌아간 뒤 나는 아델라이다 자매를 큰 소리로 책망했다. 그녀는 고개를 숙인 채 흐느껴 울며 잘못했다고 했다.

이런 일이 있고 나서 이틀 후, 마을에는 이상한 소문이 돌았다. 아볼라리오 사람들이 나를 납치하여 창자까지 다 끄집어내서 잔인하게 살해할 계획을 갖고 있다는 것이었다. 나 때문에 자기들의 신이 노했다면서, 짚으로 가상 인형을 만들어 그것이 '에미 선교사'라며 매일 깔로 찌르고 저주한다고도 했다. 에베소서 6장 10-20절 말씀처럼 그야말로 영적인 전투가 벌어진 것이다.

그리고 실제로 멀쩡했던 몸이 아프기 시작했다. 밤에는 화장실에도 가지 못할 만큼 두려움에 떨었다. '김은주가 여기서 끝나는구나' 싶자 오기가 생겼다. 3일을 금식기도 하고 그들이 접신하는 장소로 나 혼자 성경을 들고 갔다.

'그래, 나는 오늘 순교하는 것이다.'

어디서 생긴 담대함일까? 고래고래 소리를 질렀다.

"여보시오! 모두 나와라! 너의 잡신이 강한가, 내가 믿는 만군의 여호와 하나님께서 강하신가, 우리 한번 붙어 보자고!"

"우상을 섬기던 바알 선지자 450명과 아세라 선지자 400명 모두 죽었다! 엘리야의 능력의 기도로!"

그런데 그들은 어쩐 일인지 어안이 벙벙해서 창문 밖으로 고개를 내밀 뿐 아무런 대꾸가 없었다.

"너희는 너무 쉽다! 너희는 진 것 같은데!"

밤이 늦은 시간이었으니 쥐도 새도 모르게 나를 납치해서 죽일 수도 있었다. 하지만 그들은 아무런 대응도 하지 않았고, 나는 승리자 엘리야처럼 씩씩하게 교회로 돌아왔다.

그 일이 있은 지 정확히 일주일 후, 성도들이 "할렐루야"를 외치며 성전으로 몰려왔다. 아볼라리오 사람들이 자기들이 기도하던 본부를 헐고 이사해 버렸다는 것이다.

이 사건 이후로 마을이 급격하게 개발되기 시작했다. 교회 바로 앞으로 라미라솔Lamirasol 마을이 생기면서 그 주인인 엔지니어 토레스 선교사 훈련센터 건축을 도와준 엔지니어가 건축 기공예배 때 설교와 축복기도를 해달라고까지 했다.

사탄의 소굴이 무너져서일까? 이후 교회에서 기적과 치유의 역사가 이전보다 훨씬 많이 일어났다. 퇴행성관절염으로 고생하던 니데스 집사가 완전히 고침을 받았고, 수술을 해야 한다던 헤소스 집사의 백내장이 치유되었으며, 코에서 피가 멈추지 않던 가스파 집사의 여섯 살 딸이 기도로 고침을 받았다. 또 후두암으로 고생하던 모매님과 땅 주인 오니의 유방암도 완치되었다.

교회도 크게 부흥해서 나중에는 성도가 너무 많아 각 지역으로 선교사를 파송하여 그곳에서 예배를 드리게 했다. 한편, 나는 기드온의 300용사처럼 300명을 영적 군사로 키우고자 말씀으로 집중 양육하는 데 에너지를 쏟았다.

"너는 내게 부르짖으라 내가 네게 응답하겠고 네가 알지 못하는 크고 은밀한 일을 네게 보이리라" 렘 33:3

천국에 가면
자랑하고 싶은 사람

성도들의 헌신으로 준비된 깜짝 생일 파티.
고맙고 또 고맙고 또 고마웠다.

진흙 길에 전기도 없고 초라한 판잣집만 즐비하던 이곳 바토바토 마을에 복음의 씨앗을 뿌린 지 어느덧 13년의 세월이 흘렀다. 이제는 빈민가는 사라지고 우리 교회를 중심으로 라미라솔, 서머필드 등 중산층의 마을이 들어섰다.

어린이들과 청소년들은 이제 어엿한 성인이 되어 가정을 이루었는가 하면 교회 집사로 섬기고 있다. 그리고 벌써 11명의 신학생과 신학대학원생들이 졸업해서 각 지역으로 흩어져 선교하고 있다.

지금은 바동과 그의 아내 베버리, 크리스, 제알, 노넬 형제가 신학생이 되었고 미셸과 리진은 교육대학에서 특수교육학과를 전공하고 있다. 지체부자유 장애아를 위한 공부를 하고 있는 것이다.

아직도 지난번의 태풍과 홍수 등으로 인한 피해와 전염병이 완전히 회복되지 않은 까닭에 우리 교회는 2005년 10월, 특별새벽기도회와 여리고행진, 아침 금식기도를 통해 마을의 위기를 극복하고자 했다.

지금까지 14년 동안 우리 교회 성도들은 여덟 번에 걸쳐서 아침 금식과 21일, 40일, 50일 여리고행진을 가졌다. 태풍이 오고 폭우가 내려도 쉬지 않았고, 적게는 20~30명이, 많으면 170여 명이 참여했다.

그리고 우리는 꿈을 꾼다. 곧 완공될 선교사 훈련센터가 범아시아권에 선교사를 파송하는 중심지가 될 것을 말이다. 교회를 100개, 1,000개 세우는 것도 중요하지만, 주님의 참된 일꾼을 양성하는 것도 그만큼 중요하다.

2005년 나의 생일은 좀 특별했다. 여전히 가족과 함께하지는 못했다. 저녁기도회를 마치고 사택을 향하는데 집사님들과 신학생들이 내 팔을 양쪽으로 끼고는 교회 1층 식당으로 끌고 갔다. 정전도 아닌데 불이 꺼져 있다 싶더니 내가 문을 열고 들어선 순간 'Happy Birthday'를 부르며 촛불이 켜졌다.

와우! 내 생애에도 이런 일이 생기다니!

불을 켜자 닭튀김과 스파게티, 판칫, 미노도, 내가 좋아하는 씨네강 하폰, 메추리알 튀김, 오리 바비큐, 바나나, 사과, 오렌지…. 정말이지 '상다리가 부러지게' 차렸다. 닐 전도사를 비롯해 200여 명이 식당 안을 가득 메웠다. 또다시 불이 꺼지더니 비디오 담당 조엘 형제가 각 기관 리더들과 성도들의 생일 축하 메시지를 담은 DVD를 틀어 줬다. 게다가 신학생들이 내가 좋아하는 장미꽃을 내 나이만큼 선물로 주었다.

마지막 하이라이트는 남선교회가 준비한 '탬버린 댄스'였다. 정말 그렇게 큰 소리로 웃어 보기는 처음이었다. 신학생 바동과 크리스가 성도들의 축하 메시지를 적은 스케치북 같은 카드를 가져왔다. 첫 페이지를 열어 보니 신학생들과 집사들, 교사들, 각 기관의 리더들로 시작하여 많은 성도들이 그동안 내게 하고 싶은 말들을 편지로 적어 놓았다.

하루 두 끼밖에 못 먹는 가난한 성도들이 주머니를 털어 이렇게 멋진 생일 파티를 해주다니… 너무 감격스러워 눈시울이 붉어졌다. 고맙고 또 고맙고 또 고마웠다.

나중에 들은 얘기는 더 감격스러웠다. 내 생일 파티를 위해 남녀 선교회가 2개월 동안 회비를 조금씩 모았고, 청소년들은 병과 폐지 등을 주워 돈을 모았다는 것이다. 그런데 이렇게 감격스러운 생일 파티를 성도들은 해마다 해주었다. 나는 호통을 치며 그만하라고 했지만, 그들은 이렇게 대답했다.

"지금까지는 우리가 받기만 했는데 이제는 영의 어머니로서 자식들에게 받으셔야 합니다. 단 한 번뿐인 선교사님 생일잔치로 우리 모두도 모처럼 배부르게 먹지 않습니까?"

참으로 지혜롭게도 말한다. 나의 약점을 잘 아는 성도들! 나의 양떼들이 배불리 먹는다는 그 말에 나는 KO패 당하고 말았다.

8월에는 미국 산호세 온누리교회에서 단기 의료 선교팀이 와서 우리 교회 성도들뿐만 아니라 마을 사람들과 벧엘신학교 신학생들, 교수들까지 검진 치료와 약품을 제공해 주었다. 선교지에서는 의학 지식이 조금만 있어도 큰 도움이 된다. 내가 조금만 더 젊었다면 지금이라도 의학 상식을 공부하고 싶다.

앞으로 선교 병원이 완성되면 병원 치료를 한 번도 못 받고 죽어가는 성도들이 많이 줄어들 것이다. 패혈증과 담석증, 각종 피부병, 암, 결핵 등을 치료하며 예수님을 전하는 선교 병원이 될 것이다. 많은 의사 선생님들께 부탁을 드린다. 젊어서 선교지에 와도 좋지만 정년퇴직한 뒤라도 이곳 필리핀 선교 병원에 오셔서 남은 생애를 선교사로 헌신하기를 바란다.

하나님이 보내 주신 천사의 헌금으로
선교사 훈련센터와 체육관 부지를 마련했다.

하나님은 2005년을 마무리하기 전에 우리 교회에 아주 기쁜 소식을 주셨다.

한 번도 얼굴을 본 적도 없고 개인적으로도 알지 못하는 어느 부부가 교회 옆에다 선교사 훈련센터인 엘리야국제선교대학원과 체육관 부지를 위한 약 5,800m² 약 1,780평의 땅을 사주신 것이다. 남편의 집회에 참석한 것도 아니고, 단지 녹음한 테이프를 듣고 "이 선교사의 필요를 채우라"는 하나님의 음성에 순종해서 귀한 헌금을 하신 것이다. 이 부부가 한 회장님과 윤 사모님이시다.

만일 천국에 가서 자랑하고 싶은 사람을 말해 보라면, 그들 중에 이들 부부도 있다. 이들은 천국 창고에 자신의 소유를 드리는 소중한 본보기가 되었다. 이 세상에는 자기 배만 채우기 위해 애쓰는 부자가 많다. 마치 '부자와 나사로' 이야기의 부자처럼 돈의 노예가 되어 가난한 이웃을 못 보는 사람들이 많다.

나는 우리 교회가 특정한 후원자가 없는 자립 교회라는 사실이 고마울 때가 있다. 주변의 선교사들의 얘기를 들어 보면, 영수증을 요구하는 것은 약과이고 구체적인 용도를 물어서 자존심을 상하게 하는 후원자도 간혹 있는 모양이다. 한편 선교사들 중에도 '선교 비즈니스'를 하는 분들이 있다. 평소에는 큰 집에 가정부까지 두고 고급 자동차를 몰고 다니면서 선교팀이 오면 가정부도 돌려보내고 초라한 옷으로 갈아입고 선교팀의 동정을 바라는 선교사들이 종종 있다고 한다. 물론 선교만을 위해 헌신하는 분들이 훨씬 많다.

중요한 것은 '사람의 눈'도 아니고 물질도 아니고 오직 '하나님의 눈'을 두려워해야 한다는 사실이다.

"여호와께서 미워하시는 것 곧 그의 마음에 싫어하시는 것이 예닐곱 가지이니 곧 교만한 눈과 거짓된 혀와 무죄한 자의 피를 흘리는 손과 악한 계교를 꾀하는 마음과 빨리 악으로

달려가는 발과 거짓을 말하는 망령된 증인과 및 형제 사이를 이간하는 자이니라" 잠 6:16-19

나는 개척 초기부터 지금까지 교회 재정 노트에 글씨가 변색되어 읽을 수 없을 정도로 오래된 영수증들과 연도별 수입, 지출을 잘 정리해 두고 있다. 모두 하나님의 일을 믿고, 나를 믿고, 우리 교회를 믿고 보내 준 귀한 헌금들이다. 하지만 이것을 주보에 홍보용으로 사용하는 것은 옳지 못하다고 생각한다. 다만, 분명한 것은 오늘도 하나님의 음성에 절대 순종하는 분들이 있다는 사실이다. 그래서 나는 천국에 가면 이 사람들을 예수님께 자랑하고 싶다.

"하나님! 신명기 28장 1-14절의 축복을 이런 분들에게 더하소서!"

딸아,
너의 수고를 기억한다

나는 사모로, 전도사로 만족했으나
하나님은 내게 목사 안수를 주셨다.

"그리스도의 고난이 우리에게 넘친 것같이 우리가 받는 위로도 그리스도로 말미암아 넘치는도다 우리가 환난 당하는 것도 너희가 위로와 구원을 받게 하려는 것이요 우리가 위로를 받는 것도 너희가 위로를 받게 하려는 것이니 이 위로가 너희 속에 역사하여 우리가 받는 것 같은 고난을 너희도 견디게 하느니라" 고후 1:5-6

2006년 5월 23일, 나는 목사 안수를 받았다. 사실 나는 사모와 전도사로 만족하고 싶었다. 하지만 우리의 삶은 잠언 16장 9절 말씀과 같다.

"사람이 마음으로 자기의 길을 계획할지라도 그의 걸음을 인도하시는 이는 여호와시니라."

그런데 막상 목사 안수를 받고 보니 교회 목회와 여러 사역들이 훨씬 수월해졌다.

2006년 7월 29일, 드디어 체육관 기공예배를 드리게 됐다. 비숍 텐데로 목사님과 지광남 목사님, 이교성 목사님, 벧엘신학교 학장 퍼민 박사님 등이 그날 예배의 말씀으로 기도로 섬겨 주셨다. 감사하게도 지교회의 피콜과 사마르, 팜팡가, 발발란 교회의 성도들과 선교사들이 참석해 말 그대로 성대한 잔치가 되었다.

기공예배 후 힘든 공사가 시작되었다. 9개월여의 짧은 기간 동안 내부 공사와 음향, 페인트까지 완성되었고, 총 8억 원이 들었다.

체육관과 엘리야국제선교대학원 Elijah International World Mission Institute 건립은 그야말로 하나님의 전적인 명령에 순종해서 짓는 것이었다. 그렇게 어렵게 성전을 지어 놓고 왜 또 굳이 무일푼으로 체육관과 선교대학원을 짓느냐고 주변에서 염려하는 목소리가 높았다. 인간의 생각으로 보면 정말이지 무모하기 짝이 없는 일이었다. 그러나 나는 '왜'냐고 묻지 않았다. 언제나 그랬던 것처럼 하나님의 명령이니 100% 순종할 따름이었다. 주님 곁으로 가는 그날에 나는 다른 건 몰라도 이해할 수 없어도 주의 명령에 100% 순종하였노라고 말할 수 있을 것 같다.

2007년 새해부터 남편은 로스앤젤레스, 뉴욕, 피츠버그, 워싱턴DC, 필라델피아, 콜로라도 스프링스, 덴버 등을 돌며 목회자 세미나와 연합 부흥 선교대회, 개교회 부흥 집회와 지도자 대회, 목회자를 위한 엘리야 학교 등으로 바쁜 나날을 보내고 있었다. 4월에는 터키 에베소를, 9월에는 인도 뭄바이에서 집회를 가질 계획이었다. 뉴욕 CTS와 한국 CTS 특강에서 '오직 예수' 방송 설교도 했다.

나 역시 필리핀에서 바쁘게 사역을 하고 있었다. 2007년 2월부터 45일째 성도들과 함께 특별새벽기도회와 여리고행진 그리고 아침 금식을 하며 주님께 부르짖고 있었다.

새벽예배 후 나 혼자 갖는 큐티 시간은 아무리 힘들고 지친 상황이라도 내가 다시 힘을 내서 일할 수 있는 동력이었다.

"성경을 깊이 읽고 기도하는 사람에게는 모든 일이 가능하다."

하나님의 말씀은 지금까지 많은 실패와 아픔을 이기게 하고 인내로 새로운 도전을 하게 만들었다. 말씀은 내 영혼 깊은 곳에서 '감사와 찬양'이 우러나오게 했고, 그것은 '거룩한 물결'이 되어 나를 더욱 새롭게 성장시켰다.

남편은 2007년 2월부터 40일 금식기도를 시작했다. 한국과 필리핀에서도 여러 번 금식기도를 했으나 이번에는 '미국 교회의 부흥과 세계 선교'가 그 목적이었다. 바쁜 사역을 소화하는 중에 갖는 금식인지라 남편은 어느 때보다 힘들어했다. 공부하랴, 아르바이트하랴 역시 늘 바쁜 샬람이는 남편의 뒷수발을 하느라 힘겨운 시간을 보내고 있었다.

나 역시 건강도 좋지 않았고 교회 일과 건축 일까지 감당하다 보니 지쳐 있었지만 남편의 금식기도를 중보하며 아침 금식을 했다. 그러다 남편의 금식기도가 끝날 즈음 필리핀을 비울 처지는 못 됐지만 남편의 보호식을 위해 교회에 양해를 구하고 잠시 보스턴에 다녀왔다.

막상 해골처럼 비쩍 마른 남편을 보니 눈물이 앞을 가렸다. 인간적으로 보면 이렇게까지 힘들게 사역을 해야 하는가, 하는 안타까움이 앞선다. 감사하게도 남편은 내가 해준 보호식을 먹고 빠르게 회복되었다. 이번 기회에 샬람이와도 많은 대화를 나눌 수 있었다. 피곤에 지쳐서 잠든 딸의 머리맡에 앉아 간절히 주님께 기도드렸다.

"주여! 주님께 남편과 딸을 맡기나이다."

비록 10일간의 짧은 만남이었지만 매일 함께 예배를 드리고 밤을 새워 대화를 나누며 그 어떤 것과도 바꿀 수 없는 값진 시간을 보낼 수 있었다.

필리핀으로 오는 비행기 안에서 나는 흐느끼지 않았다. 나는 더욱 강해져야 했다. 어떤 험난한 연단이 닥칠지라도 단단한 믿음으로 앞만 향해 나갈 것이다.

2007년 4월 21일, 드디어 감격스러운 체육관 헌당예배를 드리게 되었다. 필리핀복음주의협의회의 텐데로 목사님과 필리핀의 교계 지도자들, 동료 선교사님들, 우리 교회 파송 선교사들과 지교회 성도들까지 모두 1,000여 명의 손님들이 와서 감격의 축하 예배를 드렸다. 이 날 정식으로 엘리야국제선교대학원의 기공예배도 드렸다.

5월 초에는 필리핀의 오래된 교회인 'Jesus Cares For You Church'의 84주년 기념예배에 주 강사로 초청되어 사도행전 2장 1-4절 말씀을 가지고 '불의 혀'와 '강한 바람과 같은 성령의 역사'를 증거했다. 이 날 성령님의 놀라운 역사가 임해 참석한 미국의 선교사들과 필리핀 교회의 부흥을 위한 선교 대책 등 심도 깊은 대화를 나눌 수 있었다.

그런데 2006년 6월 초부터 나는 그동안 누적된 과로 탓인지 하혈을 계속했다. 더운 나라인데다 필리핀 성도들과 똑같이 반찬 하나와 안남미로 생활하면서 공사 감독과 심방, 목회 등 많은 일들을 감당하다 보니 몸에 이상이 생긴 것이다. 그럼에도 벌여 놓은 사역을 방치할 수 없어 정신력과 믿음으로 버티고 있었다. 평소 나를 아끼던 선교사님이 걱정이 되어 한마디 하셨다.

"목사님! 체력이 영력입니다!"

어떤 면에서 정말 맞는 말씀이다. 몸이 아프다 보니 서너 개 할 일을 두 개도 제대로 못하게 됐다. 그런데 과연 주님은 내게 쉴 시간을 허락하실까? 나도 꿈에 그리던 안식년을 갖고 싶었다.

2007년 9월 초 공사 감독을 하다가 또 과로로 인해 쓰러지고 말았다. 몸이 말을 듣지 않고 계속 하혈을 했다. 사실 말이 그렇지 '오직 믿음'만으로 큰 공사를 감당하는 것은 죽음처럼 무섭고 고통스러운 일이었다.

선교대학원은 엔지니어 토레스와 조셉Joshep과 기초공사를 계약하고 건축하고 있었는데, 이들은 천주교 신자들로서 가끔 우리 교회 예배에도 참석하는 매우 양심적이고 인격적인 분들이었다. 그러나 반드시 하나님께서 채워 주실 것이라는 내 말만 믿고 공사를 시작했지만 막상 몇 개월째 공사대금을 받지 못하자 이들도 어려움에 봉착했다. 내가 쓰러졌다는 소식을 듣고 이들이 찾아왔을 때 나는 그들을 볼 면목이 없어 쓰러져 깨어나지 못하는 척했다.

결국 나는 한국으로 돌아가 급히 입원하게 됐다. 성도들이 7일, 10

일, 21일 금식까지 하며 나의 건강을 위해 중보해 주었다.

검사 결과 자궁근종과 함께 난소종양으로 인해 자궁과 난소를 모두 들어내야 한다고 했다. 과도한 스트레스와 과로로 인해 생리를 하면 일부가 유출되지 않고 자궁에 유착된다고도 했다. 또한 불규칙적인 식사로 인한 위장장애, 관절염, 신장에 문제가 있다는 소견도 나왔다. 손톱과 발톱이 갈라지는 건 영양 결핍으로 인한 것이라고 했다. 하지만 나는 일단 필리핀으로 돌아와서 남편과 딸에게 전화로 상의했다. 전화기를 통해 남편과 샬람이의 흐느끼는 소리가 들려왔다.

"내가 죄인이요! 내가⋯."

남편은 차마 말을 잇지 못했다.

신학생들과 몇몇 집사들한테만 알린 뒤 10월 둘째 주에 다시 한국으로 돌아가 일단 최대한 자궁과 한쪽 난소는 살리기로 하고 왼쪽 종양이 있는 난소만 제거하는 수술을 받았다.

그러나 수술 도중 상태가 너무 심각해서 급히 큰 병원으로 옮겨야 했다. 애초에 종양이 있는 난소만 제거하려 했으나 나머지도 상태가 심각해서 자궁까지 들어내기로 했다. 위험한 수술이라 수술 전에 보호자의 사인이 필요하다고 해서 급히 언니를 불렀다.

수술실 밖에서 나를 염려하며 울고 있을 언니, 간호사들의 분주한 움직임⋯ 내 상황을 알지 못한 채 목자만 기다리는 필리핀의 양 무리는 어떡하나, 불쌍한 샬람이와 남편은 또 어쩌지? 수술대에 누워 나는 이런저런 염려로 눈물만 하염없이 흘렸다.

"잠시 주무세요."

간호사의 말을 듣고 나는 두 눈을 감고 기도했다.

"주여, 내 영혼을 당신께 맡기나이다!"

8시간에 걸쳐 진행된 수술은 성공적으로 끝났고, 자궁과 난소를 모두 제거한 나는 그야말로 '빈궁마마'가 되었다.

내가 눈을 떴을 때는 언니가 내 손을 잡고 있었다.

'아직 살았구나! 주여! 감사하나이다!'

어려서 맹장을 떼어 낸 후 가슴의 반을 잘라 냈고, 두 번에 걸친 물혹과 종양 제거 후, 이번에는 여자에게 가장 중요한 난소와 자궁까지 모두 들어냈다. 하나님께서 주신 몸이 흉터투성이가 되었으니, 자꾸만 슬퍼졌다.

그래도 새벽 4시만 되면 나는 뱃속에 남은 더러운 피를 더 빼기 위해 호스로 연결된 플라스틱 통을 차고 병실 주변을 절뚝거리며 7번씩 돌면서 기도했다.

내 소식을 듣고 선교사로 중국에 나간 동생 부부가 병원을 찾았다. 그리고 남편이 영국에서 공부할 때 물심양면으로 도움을 준 홍석구 장로님이 연락도 없이 미국에서 오셨다. 사실 홍석구 장로님이 오시기 전날 장로님 내외분이 오셔서 내게 '황금 열쇠'를 주는 꿈을 꾸었는데, 장로님은 갑자기 한국에 올 일이 생겨서 왔다면서 병원비를 전액 지불해 주셨다.

나는 병원에 누워 그동안 갖지 못한 휴식을 누렸고 몸이 빠르게 회복되었다.

당시 남편은 내게 시를 적어 함께하지 못하는 마음을 전했다.

오 아름다운 사람아

아 사랑이여
시린 가을 밤
북풍에 실려 날아간 낙엽들이
툇마루 밑에 수북이 쌓이도록 닳고 닳아 버린 엽서처럼
대륙 넘는 고개로 적어 보내야만 했던
가슴 시린 사랑이여

연분홍 복숭아꽃 피기 전
연한 연두 잎새처럼 맑고 순해
그 고운 얼굴 그리려
푸른 하늘 화선지 위에
연지 곤지 발라
생그런 연 날려 띄어 보내던

풋풋하기만 했던
심장 떨린 사랑이여
하늘을 향해 기도하던 음성
깊은 계곡 맑은 물소리보다 깨끗해
살며시 땅을 향해 귀를 세워
도리어 그 음성 듣고 반해
가슴에 고이 묻어 둔 사랑이여

일생을 사는 날 동안
단 한 번도 변함없이
주를 향한 사랑 끝이 없어
철없이 사랑 좇아 달려간 발길
주를 향해 돌리게 한
푸른 솔같이 고귀한 사랑이여

아무리 편한 길이 있어도
조금의 미동도 없이
고고하나 우아하게
장엄하나 가슴 아프게
순종의 길 달려가던 나의 사랑

생명의 단장이 끊어지는 아픔 속에서도
주를 향한 절규 쉬지 않고
그 많은 고통 감내하며

고난의 십자가 지고

한 영혼 구하는 곳에

모든 것 내어 던지기에

차마 사랑한다고 말하기도

미안하기만 한

서릿발처럼 고귀하나

만년설 고봉에

오로지 남은

때묻지 않는 순백색의

시리고 시린 나의 사랑이여

　의사는 내게 퇴원 후 최소한 3개월은 무리하지 말고 쉬어야 한다고 당부했으나 나는 2주도 채우지 못하고 서둘러 필리핀으로 향했다. 필리핀을 향하는 비행기 안에서 주님이 내게 주신 말씀이 있다.

　"딸아! 너의 아픔을 기억하라. 너의 눈물이 헛되지 않으리라. 응답은 이미 되었다. 내가 너를 지켜 주리라. 오직 나를 바라보라! 나의 여종아! 너는 나만을 위해 남은 생애를 살 것이다. 모든 것을 다 응답해 주리라. 염려하지 말라. 너의 고통이 변하여 큰 기쁨이 되리라. 내가 너를 지키리라. 강하고 담대하라!"

　"주여! 감사하나이다. 살려 주셨사오니 이제 더욱더 충성하겠나이다."

"강하고 담대하라 너는 내가 그들의 조상에게 맹세하여 그들에게 주리라 한 땅을 이 백성에게 차지하게 하리라 오직 강하고 극히 담대하여 나의 종 모세가 네게 명령한 그 율법을 다 지켜 행하고 우로나 좌로나 치우치지 말라 그리하면 어디로 가든지 형통하리니" 수 1:6-7

눈물의 100일 아침 금식기도와
여리고행진

우리 교회는 100일 동안 '죽으면 죽으리라'는 각오로 하나님께 기도했다.

2007년 10월 1일부터 50일 아침 금식기도와 특별새벽기도회로 7번씩 땅 주위를 돌며 '여리고행진'을 했다. 계속되는 대금 지불을 위해 우리가 기댈 곳은 기도밖에 없었다. 마치 뒤에는 애굽의 군대가 쫓아오고 앞에는 홍해가 가로막힌 이스라엘 백성의 출애굽 상황 같았다. 나는 모세와 같이 성도들에게 하나님의 역사하심을 보라고 격려했다.

"모세가 백성에게 이르되 너희는 두려워하지 말고 가만히 서서 여호와께서 오늘 너희를 위하여 행하시는 구원을 보라 너희가 오늘 본 애굽 사람을 영원히 다시 보지 아니하리라"

출 14:13

2008년 2월부터는 100일 동안 아침 금식기도와 특별새벽기도회를 가졌다. 솔로몬 왕의 1천 번제를 기억하며 100일 동안 '죽으면 죽으리라'는 각오로 전 성도와 함께 하나님께 기도했다.

나는 또다시 쓰러졌다. 의사가 3개월 동안 쉬면서 몸 회복을 위해 현미밥 등 식이요법을 병행하라고 조언했지만, 어느 것도 지키지 못했기 때문이다. 필리핀 음식은 기름에 튀긴 음식이 많아서 식이요법이 되지 못했다. 그나마 아침식사로 먹던 밀로 만든 빵과 커피도 아침 금식으로 중단했다. 제대로 쉬지 못한 채 무리하게 사역하다 체력이 저하된데다 엎친 데 덮친 격으로 필리핀의 풍토병인 뎅기열까지 걸려 급히 '마닐라 이스트 병원' 응급실로 실려 갔다. 의사가 당장 입원하지 않으면 위험하다고 했다. 그러나 100일 아침 금식과 기도회를 마치기 위해 아픈 몸을 이끌고 교회로 돌아왔다.

'하나님께서 나를 반드시 살리신다! 그런데 과연 내일 아침 여리고 행진을 제대로 할 수 있을까?'

하나님의 역사하심을 믿었지만 당장 내일 아침 이런 몸으로 여리고행진을 할 수 있을까 걱정되었다. 그런데 다음날 새벽, 너무나 감격스러운 일이 벌어졌다. 신학생들과 집사님들이 손가마식 나무 의자를 만들어 와 앞에 2명, 뒤에 2명씩 들쳐 메고 '여리고행진'을 해준 것이다. 힘들면 서로 교대하며 7바퀴를 돌았다.

감격 그 자체였다. 하나님이 내게 맡기신 양 무리가 외국인인 나를 친가족처럼, 아니 영적 리더로 섬기고 있는 것이다.

이렇게 성도들의 수고로 드디어 100일 아침 금식기도와 여리고행진을 마치고 날이 밝았다.

그 감격스러운 날을 어찌 잊을 수 있으랴!

하나님께서 하나님의 사람 한 회장님 부부를 통해 또다시 완벽하게 기도 응답을 해주신 것이다. 30일, 40일, 99일째도 침묵하시던 하나님께서 100일을 마친 그 다음날 우리의 기도를 100% 응답해 주셔서 선교대학원 건축비가 한꺼번에 해결되었다!

기나긴 고난의 터널을 지나 승리를 맛보게 하신 하나님께 영광을 올려 드린다. 흔들리지 않는 믿음으로 금식하며 여리고행진을 돈 우리 성도들은 가난하지만 영적으로는 진정한 부자임에 틀림없다.

"우리 주 예수 그리스도로 말미암아 우리에게 승리를 주시는 하나님께 감사하노니 그러므로 내 사랑하는 형제들아 견실

하며 흔들리지 말고 항상 주의 일에 더욱 힘쓰는 자들이 되라 이는 너희 수고가 주 안에서 헛되지 않은 줄 앎이라"

고전 15:57-58

내가 진실로 진실로 너희에게 이르노니
나를 믿는 자는 내가 하는 일을 그도 할 것이요
또한 그보다 큰 일도 하리니
이는 내가 아버지께로 감이라
너희가 내 이름으로 무엇을 구하든지 내가 행하리니
이는 아버지로 하여금
아들로 말미암아 영광을 받으시게 하려 함이라

요한복음 14장 12-13절

천국 열쇠의 비밀 7
감사로 천국 열쇠를 취하라

천국 열쇠를 취하고 전파하라

가슴으로 낳은 아들
사무엘

"내 새끼, 사무엘이구나!"
아기를 본 순간 온몸이 떨리는 전율과 함께
눈물이 하염없이 흘러나왔다.

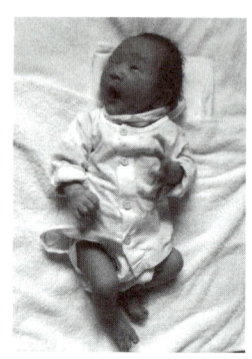

2009년 1월 4일 새해 신년 감사예배를 맞이하여 7명의 집사와 주일학교 교사 12명을 새롭게 임명했다. 교회의 각 기관들이 계속 부흥하여 중·고등부와 대학·청년부가 나뉘어 예배를 드리게 됐다. 중·고등부는 597명이, 대학·청년부도 101명이 출석하고 있다. 주일학교 어린이들은 1,000명이 넘어서 특별 지도를 받은 교사들이 매주 각 지역으로 파송하여 예배를 인도하고 있다. 말라목 Malamok, 블루밍 힐스 Blooming Hills, 무손 Muzon Ⅰ·Ⅱ, 티클링 Tikling, 바토바토 Ⅰ·Ⅱ 등 모두 15

곳에 지교회가 세워졌다. 그동안 주일학교 때부터 키워 온 영의 자식들이 어엿한 청년 지도자들이 되어 각 지역에 흩어져서 선교사 사역을 잘 감당하는 모습을 볼 때면 참으로 감격스럽기 그지없다.

신학대학원을 졸업하고 우리 교회 파송 선교사로 세부Cebu에 파송된 닐 목사와 그의 아내 헤셀 전도사는 임마누엘신학교에서 부학장과 교무처장으로 섬기는 동시에 찬양교회를 개척하여 100여 명의 청·장년 성도들과 70~80여 명의 어린이들이 출석하는 교회로 부흥했다.

북부 갈렝가 지역을 섬기다 안식년을 맞아 나사렛대학원에서 공부하고 캄보디아로 파송된 촐로 목사와 아일린 전도사 역시 열악한 환경에서도 사역에 잘 임하고 있다. 팜팡가의 잰 목사와 그의 아내 노르나 전도사 역시 화산 폭발 지역 근처에서 어렵지만 꾸준히 사역을 잘 감당하고 있다.

미얀마 양곤의 헤브론신학교 교수로서 나환자촌에서 목회를 하고 있는 반 누웨 목사는 자신이 직접 교육한 교회 청년들이 신학생이 된 모습을 보면서 크게 보람을 느끼고 있었다. 특히 초등학교 교사인 그의 아내는 4명의 자녀를 교육하면서 가정의 생계를 책임지는 헌신적인 사모로서 사명을 다하고 있었다.

타나이Tanay 지역에 파송된 롤리Rolly 목사는 고등학교 1학년 때부터 우리 교회에서 훈련을 받은 영적 아들이다. 다른 아이들과 달리 게으르고 늘 일을 미루는 롤리를 남편은 미더워하지 않았으나 기도와 강한 훈련으로 단련시켰다. 그러던 어느 날 롤리의 아버지가 지병인 심장병으로 돌아가시자, 장남인 롤리가 생계를 위해 신학을 중단하고 공장에 취직하여 돈을 벌게 되었다. 남편이 영국으로 박사과정을 떠난 즈음, 롤리를 다시 불러 인생 상담을 해주자 롤리는 그동안 마음고생이 심했는지 억장이 무너지듯 울었다. 그 후 롤리는 다시 신학을 하게 되었고 교회가 어려움에 처할 때마다 금식과 기도로 헌신했다. 교회 성도들의 중보와 사랑으로 롤리는 신학교를 졸업하고 결혼까지 해서 아름다운 가정을 이루었다. 어머니날에는 친자식처럼 내게 직접 블라우스를 사서 꽃과 함께 선물해 주기도 했다.

그러던 롤리가 결혼 후 점점 변하기 시작하더니 누군가 교회도 세워 주고 사례비도 배로 준다고 하자 마지막 인사도 없이 떠나 버렸다. 친자식 이상으로 생각하던 나나 일마다 때마다 중보기도 하며 후원해 주던 성도들이나 롤리에 대한 배신감으로 고통스러웠다. 롤리가 안티폴로의 큰 교회를 담임하고 있다는 소식을 전해 듣기만 했다.

그렇게 10개월이 흐른 어느 날, 롤리에게서 갑자기 연락이 왔다. 아내가 안티폴로 병원에서 수술로 아이를 낳았는데 병원비 7만 페소[200만 원 정도]가 없어서 어려움을 겪고 있다며 흐느꼈다.

나는 성도들에게 헌금과 기도로 롤리를 돕자고 호소했다. 당시 우리 교회도 건축 등으로 재정이 극도로 어려운 형편이었다. 성도들은 우리 교회를 배반하고 떠난 롤리를 돕자는 나의 요청을 이해할 수 없다는 반응이었다. 나는 남편의 양해를 얻어 일단 3만 페소의 카드 빚을 지고, 나머지는 주변 선교사들에게 급히 융통하여 해결해 주었다.

성도들과 함께 병원을 찾았을 때, 롤리는 눈물을 흘리며 말했다.

"저의 죄를 용서해 주세요! 이렇게 어려울 때 누구 하나 도와주는 사람이 없었어요. 당신은 진정한 저의 영의 어머니이십니다. 반드시 교회로 다시 돌아가겠습니다."

그러나 이때가 롤리와는 마지막 만남이 되었다. 성도들은 이구동성으로 롤리를 향해 "트라이돌"Traydor, 이중 인격자, "만다라야"Mandaraya, 은혜도 모르는 배은망덕한 자라고 비난했다. 나 역시 상처받기는 마찬가지였으나 성난 성도들을 위로해야 했다.

"부모가 자식에게 무엇을 바라고 사랑을 준다면 그것이 어찌 부모겠는가? 롤리 목사가 인생을 더 살게 되면 부모의 마음을 깨달으리라!"

6개월의 훈련 과정을 갖는 12제자반에서 5기 졸업자를 배출했다. 신학생도 11명이 되었다. 한편, 일반 대학에 다니는 6명의 학생이 교회의 장학금을 받아 공부하고 있다. 성가대 역시 50명으로 늘어나 체계적인 음악 훈련을 받고 있다. 57명이 된 주일학교 교사에게는 매주 토요일 교사 세미나를 열어 설교법과 전도법, 공과공부 지도 및 상담, 노방 전도와 인형극 등을 지도했다. 그 결과 주일학교 교사들은 매주 월·수·금은 어린이 심방과 노방 전도를 하고 목·금은 중·고등부와 대학·청년부의 전도와 심방을 하고 있다. 한편, 토요일은 남녀 선교회가 지역별로 나뉘어 전도를 나갔다.

바토바토 마을의 리디아 집사 가정에 심방 갔을 때의 일이다. 기도하는데 작은 생쥐가 내 겨드랑이 안으로 들어오더니 빠져나가려고 발톱으로 배를 긁었다. 심방을 위해 여러 마을을 방문하다 보면 동네 아이들이 쥐꼬리를 잡고 돌리며 놀곤 했는데, 나는 다른 것은 몰라도 그것만큼은 징그러워서 성도들 등 뒤에 숨었다. 성도들의 판잣집에 사는 흰개미와 바퀴벌레, 도마뱀까지는 내 슬리퍼로 거뜬히 물리칠 수 있었지만 쥐만큼은 무서워 도망치기 바빴다. 그런데 대담하게도 생쥐가 내 몸 안에 들어온 것이다.

나는 벌떡 일어나 껑충껑충 뛰면서 갑자기 큰 소리로 기도했다.

"아버지 하나님! 나의 아버지!"

내가 껑충껑충 뛰며 큰 소리로 기도하자, 성도들은 더욱 '아멘'을 외치며 간절히 기도했다. 다행히 쥐가 몸 밖으로 빠져나갔다. 더운 나라에서 펄쩍펄쩍 뛰었으니 온몸이 땀으로 흠뻑 젖었다. 그날 집에 돌아와 목욕을 서너 번은 더했던 것으로 기억한다. 그런데 그날 이후 나는 더 이상 쥐와 눈이 마주쳐도 두려워하지 않게 되었고 더 담대히 복음을 외치게 되었다.

그런 와중에 잠시 말미를 얻어 수술 이후 검진을 받으러 한국에 다녀왔다. 한국에 간 김에 조직 검사도 받게 되었다. 수술 이후 풍선처럼 부어서 평소 48kg 나가던 몸이 60kg까지 불은데다 위도 안 좋은지 자꾸 구토가 나왔기 때문이다. 조직 검사 결과를 들으러 병원에 갔더니 30대 후반쯤 되어 보이는 젊은 의사가 내게 물었다.

"혹시 무슨 일을 하시나요?"

"저는 필리핀에서 선교를 하고 있습니다."

그는 여러 가지 검사 결과를 설명하며 이렇게 말했다.

"이렇게 모든 검사 결과가 안 좋은데도 큰 병으로 발전되지 않고 아직까지 건강하신 것은 전적으로 하나님의 은혜입니다."

그의 설명에 따르면, 나는 중풍에 걸렸어야 했고, 상체 비만으로 인해 골밀도 저하와 무릎 관절 등을 앓았어야 했으나, 하나님께서 모든 기관이 큰 병으로 발전하지 않도록 지켜 주셨다는 것이다.

"선교사님! 저는 체력이 영력이라고 봅니다. 지금도 늦지 않았습니다. 식이요법을 병행하면서 하나님께서 주신 귀한 몸을 잘 관리하셔야 합니다."

짧은 만남이었고, 그 젊은 의사의 이름도 모르지만, 분명 하나님께서 내게 필요한 말을 주기 위해 준비하신 사람이라는 생각이 든다.

필리핀에 들어오기 전에 우연히 홀트아동복지 세미나에 참석할 기회가 있었다. 나중에 필리핀에서 하게 될 고아원 사역을 위해 입양 아이들의 사정을 경청해서 들었다. 다행히 좋은 가정에 입양돼 훌륭한 어른으로 성장한 아이들도 많았지만, 때로 가정형편이 어려워져 다시 홀트로 돌려보내는 일도 있었고, 심한 경우는 다른 아이로 바꿔달라는 사람들도 있다고 했다. 아이들이 물건도 아니고 어떻게 그런 소양으로 입양을 하는지, 그 얘기를 들었을 때 가슴이 너무 아팠다.

세미나를 듣는 중에 문 밖에서 갓난아기의 울음소리가 들렸다. 그런데 그 울음소리는 마치 내게 이렇게 말하는 것 같았다.

"엄마! 나 좀 도와 주세요!"

숙소에 돌아가기 전 경비원을 붙들고 물었다.

"혹시 방금 전에 새로 갓난아기가 들어왔나요?"

"네, 남자아기가 들어왔어요!"

순간 나는 비록 필리핀에 이미 수많은 영의 자식이 있지만 하나님께서 나를 이곳에 우연히 보내시지 않았음을 강하게 느꼈다. 숙소에 도착한 뒤 주님께 간절히 기도하자 주님이 말씀하셨다.

"홀트아동복지회의 김정숙 간사가 너의 아들을 소개할 것이다. 그 아이를 친자식으로 받아들여라! 그 아이를 '사무엘'이라 하라."

급히 미국의 남편에게 이 같은 하나님의 음성을 설명하며 상의했다. 다음 날 남편은 자신에게도 똑같은 하나님의 음성이 임했다며 입양을 하자고 했다. 하지만 입양 절차가 꽤 까다로웠다. 딸 샬람이의 동의서도 필요하고 가정을 방문해 가정환경도 봐야 하고, 부모님의 건강 진단서와 재정 능력 등도 고려해야 한다고 했다. 그러려면 최소한 6개월은 걸린다고 했다. 그런데 내게 주신 하나님의 음성은 이랬다.

"네가 이번에 사무엘을 데리고 필리핀에 들어가게 될 것이다."

남편이 바쁜 사역 중에도 한국에 나와 건강 진단과 부모 상담을 받았다. 그리고 김정숙 간사를 통해 태어난 지 5일 된 갓난아기를 소개받았는데, 그 아기를 본 순간 온몸이 떨리는 전율과 함께 눈물이 하염없이 흘러나왔다.

"내 새끼, 사무엘이구나!"

사무엘과 대면한 이 순간을 나는 평생 잊지 못할 것이다. 목도 제대로 가누지 못하는 아기를 사진관에 눕혀서 여권 사진을 찍고, 10일 만에 샬람이의 동생 '김사무엘'로 호적에 올렸다. 그야말로 기적과 같이 모든 일이 진행되었고 사무엘은 2주 만에 내 품에 안겼다.

사무엘을 안고 필리핀에 도착하자 온 성도가 기뻐하며 환영해 주었다. 사무엘의 첫돌 잔치를 체육관에서 뷔페로 성대하게 했다. 남편과 샬람이는 물론 동료 선교사들까지 와서 축하해 주었다.

이때 샬람이는 보스턴의 노스이스턴 대학에서 영어와 생물학을 2년 6개월 만에 우등생으로 조기 졸업하고 어렸을 때 한 약속을 지키기 위해 마닐라한국아카데미의 영어와 과학 교사로 오게 되었다. 뿐만 아니라 우리 교회 호산나 성가대와 음악 찬양단을 결성하여 성악 지도 및 음악 이론 등을 훈련시켰고, 영어반을 조직하여 신학생과 청년들에게 영어회화와 토플을 지도해 주었다. 샬람이는 이제 딸이기 전에 나의 든든한 동역자가 된 것이다.

밤마다 홀로 잠들던 잠자리에는 귀엽고 사랑스러운 아들 사무엘과 든든한 딸 샬람이가 함께했다. 하나님께서 내게 이렇게 큰 기쁨과 위로, 복을 주실 줄은 상상도 못했다.

사무엘은 매일 내 품에 안겨 새벽예배와 저녁기도회에 참석했다. 사무엘의 웃는 모습만 보면 모든 피로와 염려가 사라지며 새로운 생기가 솟아났다. 남편은 휴대폰에 사무엘의 사진을 담아 놓고 틈마다 꺼내 보곤 했다. 남편이 사무엘을 그리워하며 쓴 시가 있다.

쥐면 내 손 안에 녹을 것 같은
애솔 같은 작은 손

여린 솜털 얼굴 비비면
어린 울대 높일 것 같아

하늘 빛창 쏟아내는
욜랑욜랑 그 눈빛에
맑은 호숫물 숨죽이고
다람쥐도 사뿐 걸음

내 아이 새근새근 잠든 모습
내 심장에 저며드는 그리움
마음 녹여 떨어지는 눈물

남편은 "예뻐도 이렇게 예쁠 수 있고, 사랑스러워도 이렇게 사랑스러울 수 있을까?"라고 말하곤 한다. 하나님께서 우리 가족에게 이런 기쁨과 복을 주심에 진심으로 감사드린다.

"우리가 선을 행하되 낙심하지 말지니 포기하지 아니하면 때가 이르매 거두리라" 갈 6:9

하나님이 붙여 주신 사람들

이주형 목사님 내외분과 함께.
하나님은 하나님의 사람을 준비시켜
하나님의 일을 완수하도록 하셨다.

    2009년 5월 샬람이의 졸업식을 마친 후, 우리 가족은 5월 1일부터 9일간 소아시아 지역과 터키, 이스라엘, 이집트, 시리아 등을 방문했다. 이번 여행은 남편의 사역 중 하나로 한국 팀과 함께했다. 당시 나는 필리핀을 비울 형편이 못 됐지만 하나님께서 "네가 할 일이 있다. 꼭 가야 한다"고 하셔서 동참하게 되었다.

    예수님의 사역지와 나사렛 마을, 베드로의 집, 통곡의 벽, 요단강과 갈릴리 호숫가 등 꿈에도 그리던 곳을 여행하며 우리 가족은 오랜

만에 한가하고 즐거운 시간을 가졌다. 그런데 여행사 직원의 횡포로 우리 팀은 인질로 잡히는 등 여러 가지 어려움에 빠졌다. 하나님께서 이 일을 해결하라고 나를 보내셨음을 알았다. 리더인 남편이 처한 어려운 상황을 중재하고 여기저기 불평하는 한국 팀들의 마음을 하나로 엮는 도구로서 내가 필요했던 것이다. 나는 그동안 필리핀에서 이와 같은 위기의 순간을 지혜롭게 극복하는 훈련을 무수히 받지 않았던가.

먼저 재정적인 위기는 내 주머니를 털어 모두 내놓음으로써 서른 명이 넘는 사람들의 동참을 유도했다. 참석자들 중에 사업하는 다섯 명의 집사님들을 통해 하나님은 오병이어의 기적을 만들어 주셨다. 그리고 아무리 사악한 자라도 여행사 사장의 진정한 회개와 용서가 필요했다. 우리는 이를 통해 참 용서와 사랑을 깨닫는 시간을 가질 수 있었다.

남편은 가는 곳마다 강해 설교와 집회 인도를 했고, 특히 여리고에서는 실제로 여리고행진을 위해 7번을 돌면서 찬양과 기도를 드렸다. 요단강에서는 예수님이 세례 요한에게 침례를 받으신 것처럼 우리도 즉석 침례식을 가졌다. 그 감격을 나는 지금도 잊을 수가 없다.

2009년 5월 미국 뉴욕의 CTS팀이 우리 교회를 촬영하러 왔다. 우리 교회의 사역 초창기부터 현재 건축 상황을 인터뷰하고 성도들의 집과 지교회를 방문하고 마닐라한국아카데미를 취재해 갔다. 미국 전역과 한국 CTS에서 '휴먼 다큐'로 여러 번 방영되었다고 했다.

선교대학원은 이제 7층 건물의 유리창과 마무리만 남겨 두고 있었는데, 사무실 집기며, 바닥 공사, 페인트 등 마무리까지 끝내려면 6억 원이 더 필요한 상황이었다. 6층 난간 옆에 서서 유리창이 없어서 비가 들어와 천장 실링이 너덜너덜 떨어지는 모습을 바라보자니 또다시 가슴이 아팠다. 그때 갑자기 악한 영이 엄습하더니 어디선가 이런 음성이 들려왔다.

"야! 너 외상도 많고 지쳐 있는데 차라리 여기 6층에서 떨어져 죽지 그러니?"

소름 끼치는 순간이었다. 이런 것이 '자살의 영'인가 보다. 악한 영의 강한 힘이 자꾸 나를 떨어뜨리려고 위험한 6층 난간 모퉁이로 밀어내는 것을 느꼈다. 정말이지 강한 힘이었다. 그 순간 에베소서 6장 10-20절을 마음속으로 암송하며 내 가슴속 깊은 곳에서부터 큰 소리로 외쳤다.

"이 악하고 더러운 영들아! 나사렛 예수 이름으로 명하노니 물러가라!"

고함을 지르듯 외치자 악한 영의 기운이 완전히 물러갔다.

그리고 그 해 7월, 최선규, 정애리 씨가 진행하는 한국 CTS의 프로그램 〈내가 매일 기쁘게〉의 초청으로 잠시 한국을 다녀오게 되었다. 나는 방송에서 어릴 적 하나님의 부르심과 결혼, 필리핀 사역과 남편과 딸의 유학, 입양한 사무엘에 대한 얘기를 했고, 방송 후 제작진의 융숭한 점심 대접도 받았다. 그리고 '열심히 일한 당신 떠나라'로 유명한 전 웰콤 광고사 대표이자 현재는 컴패션의 홍보대사로 활동하는 문애란 대표의 요청으로 그녀의 오피스텔에서 성경공부와 기도회를 인도했다. 필리핀에서 온 부교역자 2명과 사무엘까지 포함해 12명이 참석한 가운데 기도회를 인도하는데 하나님의 성령이 충만하게 임하더니 한 사람을 만져 주셨다. 숙소에 돌아와 해결되지 않은 6억으로 인해 기도하는데 하나님께서 선명한 음성으로 말씀하셨다.

"이미 6억은 응답되었다."

다음 날 아침, 문 대표를 비롯한 하나님의 사람들을 통해 완벽하게 6억 원을 해결해 주신 것이다. 특히 남편의 책 《하라면 하겠습니다 주님!》을 읽고 은혜를 받은 명망 있는 기업의 모 회장님이 기도를 받으러 나를 찾아와서 그동안 가슴을 짓누르던 빚을 단숨에 해결해 주셨다.

이처럼 하나님은 일마다 때마다 하나님의 사람을 준비시켜 하나님의 일을 완수하도록 하셨다. 그중에 인상 깊은 분들이 몇 분 있다.

문애란 대표와 함께 식사 미팅을 통해 만난 성주그룹의 김성주 회장님은 세계가 주목하는 여성 CEO 중 한 사람이기도 하지만, 무엇보다도 이 시대에 보기 드문 '영적 분별력'을 가진 분이었다. 저녁식사로 만난 최순영 장로님 부부는 이 시대에 이렇게 올바른 믿음으로 깨어 있는 분들이 있다는 사실에 감격했던 분들이다. 남편과 함께 만난 하용조 목사님 부부와 한동대학교 김영길 총장님 부부도 내게 깊은 인상을 남겼고 가수 심수봉 씨의 자택 지하 예배당에서 가진 짧은 기도 모임 역시 성령님의 임재가 충만한 시간이었다. 그리고 호탕한 성격에 깔끔한 이미지로 기억되는 신세계 정용진 부회장님과 영적으로 깨끗하고 순수한 믿음의 소유자인 그의 아내 역시 짧은 만남이었지만 잊지 못할 만남으로 기억된다.

하나님께서 특히 문애란 대표의 가정을 위한 기도의 부담을 주셔서 지금까지도 계속 만남을 유지하면서 기도하고 있다. 또한 전주에서 3층 한옥집을 운영하며 남편과 나를 위해 철저한 중보기도자로 헌신하시는 성령이 엄마와 그의 어머니 권사님 가정 역시 우리에게 소중한 만남이다. 그리고 여의도순복음교회에서 조용기 목사님이 우리 부부를 위해 '축복기도와 예언기도'를 해주신 것 역시 잊을 수 없는 일이다.

이밖에도 이름을 일일이 열거할 수는 없어도 국내는 물론 일본과 미국에서 만난 수많은 목사님과 선교사님들, 성도들의 사랑과 격려는 힘들 때마다 나를 일으키는 힘이 되었다.

일본의 박수길, 조현태 목사님 부부와 미국의 홍석구 장로님 가정, LA은혜교회 한기홍 목사님 부부, LA사랑의교회 김승욱 목사님 부부, 여의도순복음교회 이영훈 목사님, 구리순복음교회 조승렬 목사님 부부, 또 잊을 수 없는 오정성화교회 이주형 목사님 부부와 시흥교회 장성형 목사님 내외분, 그리고 끊임없는 사랑과 격려를 아끼지 않으시는 마원석 목사님 내외분과 필리핀 선교사로 존경받으시는 김은호 목사님 부부, 이교성 목사님 부부도 내 생애 귀한 분들이다. 마닐라한국아카데미 교사들과 박광수 목사님 부부, 이동백 목사님 부부도 모두 교단의 장벽을 넘어 아주 좋은 동역자들이시다.

그동안 하나님은 내가 한국과 일본 등에 강사로 초청되어 가는 것을 허락하지 않으셨는데, 2009년 8월 LA사랑의교회와 여러 교회가 연합하여 '다가오는 부흥을 위한 특별 목회자 부부 세미나'의 강사로 서게 하셨다. 뉴욕과 뉴저지, 워싱턴, 중국 등 많은 곳에서 350여 명의 목회자 부부가 참석한 가운데 남편과 함께 집회를 인도하여 은혜를 나눌 수 있었다.

2010년 6월 필리핀에 오셔서 선교대학원에 기거하면서 주일에는 우리 교회에 오셔서 간증 설교도 해주신 CTS 사장님이신 김경철 장로님 내외분 또한 잊을 수 없는 분들이다. 장로님은 몸이 아파 한국에 오면 얼마든지 당신 집에 와서 쉬라고 하셨다.

일일이 기록할 수는 없지만 김홍영 목사님 부부와 다음카페의 '회복' 사모님과 모든 회원님들, 선배 목사님과 필리핀 한인 회장을 역임한 박현모 사장님 부부도 잊을 수 없는 분이다. 특히 박현모 사장님 내외분은 필리핀 사역 초기부터 가난한 우리 부부에게 외상 티켓을 공급하고 내가 수술했을 때 귀한 헌금까지 주셨다.

> "사랑에는 거짓이 없나니 악을 미워하고 선에 속하라 형제를 사랑하여 서로 우애하고 존경하기를 서로 먼저 하며 부지런하여 게으르지 말고 열심을 품고 주를 섬기라" 롬 12:9-11

고난 중에
하나님께 드리는 감사

대형 태풍 '온도이'가 몰아치자
필리핀의 3분의 2 이상이 물에 잠겼다.

    2009년 9월 말 필리핀에 대형 태풍 '온도이'Ondoy가 몰아쳐 필리핀의 3분의 2 이상이 물에 잠기는 대참사가 일어났다. 우리 교회 바로 앞과 옆에 들어선 새 주택단지의 반 이상이 물에 잠겼고, 교회에서 가까운 산타루시아Santa Lucia와 정션Junction 지역은 2층 집까지 물에 잠겨서 보트로 인명을 구조해야 했다. 산타루시아 지역에 사는 선교사님은 새로 구입한 모든 가구와 새 차까지 물에 잠겨 그야말로 울상이 되어 버렸다.

인명 피해도 많았는데, 가까운 지역의 플루드웨이Floodway에서는 도로까지 물에 잠겨 물이 빠지도록 배수구를 열었더니 시체 40여 구가 서로 엉켜 있어 신원조차 확인하지 못한 채 매장해야 했다. 한편, 정전과 함께 식수 보급이 안 되어 마닐라 전역이 마비되기도 했다.

40년 만에 최악의 폭풍우가 휩쓸고 간 필리핀은 쌀도 떨어지고 상점도 모두 문을 닫았고, 특히 약품 공급이 안 돼 치료가 시급한 사람들이 위험했다.

미국에 가장 큰 피해를 입힌 뉴올리언스의 '카트리나'가 250mm의 폭우를 몰고 왔다면, 우리 교회가 있는 타이타이에는 455mm가 쏟아졌다. 토요일 하루 동안 쏟아진 폭우만 무려 312mm였다.

우리 교회도 필리핀 사역 20년 만에 최대의 위기에 당면했다. 우리 성도 중에서 가장 큰 피해를 입은 곳은 역시 라구나 호수 옆 부둣가에 사는 필라필라 지역이었다. 어느 집은 지붕 위에서 긴급 식량과 물품을 배급받았다. 물론 주일예배도 못 나왔다.

당시 북가주 연합 집회를 인도하던 남편에게 긴급한 기도와 물품 보조를 요청했다. 남편은 필리핀의 안타까운 상황을 듣고 미국의 지인들에게 요청해 약품과 2,000달러를 보내 주었다. 우리는 급한 대로 쌀과 라면 등을 구입해 가장 피해를 많이 입은 가정부터 나눠 줬다. 특히 카시불란은 쥐 떼로 인한 바이러스균까지 덮쳐 여기저기서 사망자가 속출했다. 퀴퀴하게 썩는 냄새와 음습한 습기, 필리핀은 그야말로 을씨년스럽기 그지없었다.

상황이 상황인 만큼 남편이 급하게 필리핀에 들어왔다. 뉴저지의 이 장로님 가정을 비롯해 댈러스, 버팔로, 프랑크푸르트, 한국, 뉴욕, 일본 등에서 항생제와 구급약품, 그리고 헌금을 보내 주셨다. 여기에는 북가주 교회 연합회와 캐넌크릭 교회가 남편에게 준 사례비 전액과 80세의 원로 목사님께서 주신 100달러도 포함되었다.

남편이 필리핀에 오기 전 나와 성도들은 5일 동안 거의 굶다시피 했다. 무릎까지 올라오는 긴 장화를 신고 약품과 쌀, 라면, 빵 등을 가지고 필라필라 지역에 당도하자 어린아이들이 "에미 목사님!" 하며 헤엄을 쳐서 우리에게 다가왔다. 아이들은 우리가 신은 장화를 보고는 "목사님, 물이 가슴까지 차올랐는데 그 장화가 무슨 필요가 있습니까?" 했다. 정말 그랬다. 우리는 긴 장화를 벗고 아기 기저귀가 떠내려가는 똥물 속으로 몸을 담갔다. 악취가 코를 찔렀다.

어린아이들의 울음소리, 신음하는 고통 소리, 생각보다 상태는 더 심각했다. 청년들에게 약품과 구호품을 머리 위로 올려서 교회까지 옮기게 한 뒤 사람들을 교회로 모이게 했다. 온 주민들에게 번호표를 나눠 주고 순서대로 알코올과 연고 등을 발라 치료해 주고, 준비한 비타민과 라면, 쌀, 빵 등을 나누어 주었다. 주민들은 이구동성으로 말했다.

"그렇게 여러 번 마을회관과 시청에 사람을 보내고 문자 메시지를 보내 도와달라고 요청했건만 어느 누구도 이 더러운 물 속으로 들어오려 하지 않았어요. 그런데 당신들은 똥물을 뒤집어쓰고 이곳에 들어와 우리를 살려 주었습니다."

그들의 말을 들으니 더 가슴이 아팠다. 예배와 기도회를 마치고 돌아가려는데, 40대 초반의 한 여인이 내 손을 꽉 잡으며 하염없이 울었다.

"에미 목사님! 내 아들이 폐병에 걸려서 피를 토하며 지금 죽어 가고 있습니다. 부탁인데 우리 집에 오셔서 기도해 주실 수 있습니까?"

다른 사람 같으면 병원에 가서 검사해야 하니 돈을 달라고 하거나 약품을 요구했을 것이다. 그런데 이 여인은 딱 한 번만 기도해 달라고 요청하는 것이다. 그때 마태복음 9장 20-22절 말씀이 생각났다.

"열두 해 동안이나 혈루증으로 앓는 여자가 예수의 뒤로 와서 그 겉옷 가를 만지니 이는 제 마음에 그 겉옷만 만져도 구원을 받겠다 함이라 예수께서 돌이켜 그를 보시며 이르시되 딸아 안심하라 네 믿음이 너를 구원하였다 하시니 여자가 그 즉시 구원을 받으니라."

그 여인의 눈물은 나의 눈물이 되었다. 여인의 집은 라구나 호수 바로 옆에 있었는데 물이 목까지 찼다. 문짝조차 없는 판잣집 안으로 물이 반 이상 들어찼는데 기다란 대나무 의자에 삐쩍 마른 젊은 청년이 눈만 깜빡거리며 누워 있었다. 입에서 나온 피가 물 위로 쏟아졌다. 나는 기도도 하지 못한 채 청년을 자식처럼 껴안고 한참을 울었다.

"내 새끼 살려 주소서!"

기적은 아주 작은 것에서 일어나는 모양이었다. 그날 이후 일주일쯤 지나서 그 청년과 어머니가 주일예배에 참석해서 말했다.

"기적이에요. 기적! 그때 기도 이후로 하나님께서 폐병을 깨끗이 고쳐 주셨어요."

미국의 Pray TV 대표인 길레스피Gillespie 목사님이 필리핀 촬영을 위해 오셨을 때 청년의 어머니를 인터뷰했는데, 그때 그 어머니는 이렇게 말했다.

"저는 에미 목사님께 기도 부탁을 드리면서도 100% 안 오실 거라고 생각했어요. 그런데 에미 목사님은 남들은 더럽고 병이 옮는다고 근처에도 오지 않는 우리 집까지 오셔서 아들을 자식처럼 껴안고 한참을 우셨습니다. 그러고 나서 우리 아들이 거짓말처럼 피가 멈추더니 폐병에서 완전히 자유함을 얻었어요."

주님의 명령을 받은 선교사들은 아무리 더럽고 추한 곳이라도 가야 한다. 그 어떤 오지라도 주님의 명령을 붙잡고 가야 한다. 선교사는 그리스도의 십자가밖에는 자랑할 것이 없는 사람이기 때문이다.

> "그러나 내게는 우리 주 예수 그리스도의 십자가 외에 결코 자랑할 것이 없으니 그리스도로 말미암아 세상이 나를 대하여 십자가에 못 박히고 내가 또한 세상을 대하여 그러하니라" 갈 6:14

부흥을 위해
준비하는 삶

'기도'는 역시 '부흥'의 비결이다.
우리는 때마다 일마다 기도하기에 힘썼다.

2010년 9월, 카자흐스탄에 선교사로 나간 김삼성 선교사님 부부가 우리 부부를 집회 강사로 초청했다. 하나님께 기도하자 "지금 너는 다른 일을 해야 한다. 네 남편만 가거라"고 하셨다.

사실 여러 곳에서 집회 초청이 있을 때마다 주님은 "아직은 때가 아니니 가지 말라!"고 하셨다. 나는 무슬림 지역의 부흥을 이끌고 있는 김삼성 선교사 부부를 꼭 뵙고 싶었으나 이번 역시 내게는 결정권이 없었다. 주님께 100% 순종할 뿐이다.

유라시아의 중앙에 자리 잡은 카자흐스탄과 투르크메니스탄, 우즈베키스탄, 키르키스스탄, 타지키스탄을 일컬어 '중앙아시아'라고 한다. 전체 면적은 무려 388만 km²에 달하지만 인구는 모두 합해도 6,150만 명에 불과하다.

그중에서 카자흐스탄은 세계 9위의 면적을 자랑하는 나라로 서유럽 전체의 크기와 같고, 미국 본토의 절반에 해당하는 272만 km²이다. 거대한 면적에 비해 건조한 초원과 끝도 없는 광야가 펼쳐진 카자흐스탄에는 거대한 양의 지하자원이 숨겨져 있다고 한다. 석탄, 천연가스, 철, 납, 구리, 니켈, 금, 아연, 망간, 보크사이트 등이 온 국민을 가난에서 부요로 이끌 만큼 쏟아져 나온다고 한다. 이를 통해 광산업과 화학 공업, 석유 산업, 농업기계 산업들이 발달하면서 중앙아시아의 다섯 나라 중 가장 부요한 나라가 되었다.

1,700만 인구 중 53%로 카사흐스탄인이 가장 많고 나음이 30%에 달하는 러시아인, 그리고 우크라이나인과 독일인, 유대인 등을 포함해 131종족이 어울려 살고 있다. 이중 스탈린에 의해 강제 이주당한 고려인이 10만 명 정도로 전체 인구 중 아홉 번째로 많다.

카자흐스탄인의 대부분은 이슬람교를, 러시아인들은 러시아 정교를 믿고 있는데, 주변 중앙아시아 4개국의 '선교사 강제 추방'에 비하면 카자흐스탄은 비교적 교회 개척과 선교 활동이 자유로운 편이다. 그렇다 해도 남미나 아프리카, 다른 아시아 국가에 비하면 선교 자체가 매우 힘든 곳이다.

김삼성 선교사는 독일에서 박사과정을 공부하다가 1990년 하나님의 부르심으로 돌연 카자흐스탄으로 들어왔는데 이때는 카자흐스탄이 소련으로부터 독립한 1991년보다 앞선 때였다. 두 살이 갓 지난 큰딸과 10개월밖에 되지 않은 아들을 데리고 들어왔는데, 지금은 큰딸은 시집을 갔고 아들 역시 어엿한 성인이 되었다.

김삼성 선교사님은 지난 10년 동안 특별히 무슬림권에 복음을 전파하기 위해 힘썼는데, 우리 부부를 초청한 이번 집회는 그 10년을 돌아보고 마무리하는 집회였다. 이집트, 요르단, 터키, 아제르바이잔, 중앙아시아 5개국과 카자흐스탄의 교회 개척자, 지도자 등 1,000여 명이 참석한 집회에서 남편은 설교를 위해 강단에 섰는데, 김 선교사님의 아들 데이비드가 러시아어로 통역하고 인터내셔널 갈보리교회의 이용하 전도사님이 한국어로 통역을 맡았다.

'기도'는 역시 '부흥'의 비결이다. 무슬림 국가 카자흐스탄의 부흥이나 이곳 필리핀의 부흥이나 기도가 기적을 낳았다. 남편은 잠을 자면서도, 걸어다니면서도 '부흥'을 외치는 사람이다. 그렇게 바쁜 와중에도 남편은 틈틈이 '서구 기독교의 몰락과 남반구 기독교의 발흥'을 주제로 한 책을 썼다. 사실 내가 결코 따라갈 수 없고 부러운 남편의 좋은 점이 있다면 그것은 '끊임없는 노력과 새로운 연구를 멈추지 않는다'는 점이다. 남편의 손에는 신학 서적이든 논문이든 늘 책이 들려 있다. 신학뿐 아니라 철학, 역사, 사회과학, 문학 등 다양하고 광범위한 지식을 자랑한다. 하나님은 솔로몬에게 지혜를 주신 것처럼 남편에게 지혜와 지식의 은사를 주신 것 같다.

남편은 1년을 빼곡히 미국 전역과 라틴아메리카, 아시아 등 전 세계를 다니며 말씀을 전하고 있는데 특히 예루살렘 선교에 관심이 많다. 예루살렘은 지금은 전쟁과 분쟁의 진앙지로서 세계인에게 불편한 곳이 되었지만, 그럼에도 '마지막 추수'를 예비하는 '부흥의 기운'이 서서히 움트고 있다. 예루살렘은 인류 구원을 완성시키려는 하나님의 섭리와 계획이 있는 곳이다. 남편과 내 삶의 가장 중요한 주제가 있다면 그것은 '이스라엘의 회복과 열방의 구원'일 것이다. 마지막 때에 하나님은 열방 가운데 완악했던 유대인들을 돌이키셔서 예수 그리스도를 메시아로 고백하게 할 것이다. 이스라엘과 중동의 무슬림들이 주 예수의 이름으로 기도하고 예배하는 진정한 부흥이 일어날 것이다.

필리핀의 작은 마을 바토바토에서도 '부흥의 불씨'가 일어나고 있다. 부흥의 중심에는 동아시아와 북미, 유럽에 이르는 선교사들을 훈련시키고 지도자를 배출하는 엘리야국제선교대학원이 있다. 이 학교를 통해 더 많은 신학 심포지엄이 열리고 여러 학위과정은 물론 선교사들의 평생 교육과 목회자의 영성 훈련 등이 진행될 것이다.

2010년 3월, 박원철 목사님을 비롯해 황성주 박사님과 문애란 대표 내외분 등 10여 명이 필리핀을 방문하여 아시아 지역 특히 무슬림과 힌두교도, 불교권 사역을 위한 영적 사관학교 훈련이 필요하다는 주제로 창의적인 제안과 토론을 가졌다. 이에 따라 필리핀의 명망 있는 변호사 브라이오네스Briones와 피네다Pineda의 도움으로 필리핀의 고등 교육청에 정식 허가를 신청하여 모든 서류와 문서 그리고 보고서들을 준비하고 있다.

이 와중에 2010년 9월 15일 학교에 필요한 차량으로 차 안에 화장실까지 있는 60인승 버스를 하나님께서 허락해 주셨다. 3년 넘게 성도들과 함께 기도하면서 직접 차량의 색깔과 내부 구조 등 디자인까지 그려 놓고 기도했는데 그 기도의 응답으로 꿈에 그리던 차량을 하나님께서 우리 선교대학원에 주신 것이다.

"무엇이든지 구하는 바를 그에게서 받나니 이는 우리가 그의 계명을 지키고 그 앞에서 기뻐하시는 것을 행함이라"

요일 3:22

지금까지의 내 삶을 한마디로 요약하라면 부흥을 위해 준비하는 삶이었다고 고백하고 싶다. 실제로 나는 지난 20년 동안 우리 교회 성도들과 함께 영혼 구원을 위한 기도, 필리핀 교회의 부흥을 위한 기도, 아시아권과 세계 모든 나라에 진정한 부흥이 일어나 그리스도 예수를 주로 고백하고 영접하는 부흥을 위해 기도해 왔다. 수도 없이 많은 금식과 제자훈련, 전도, 그리고 예배의 초점도 '부흥을 위한 준비'였다고 볼 수 있다. 이 부흥은 죄인 하나가 진정으로 자신의 죄를 회개하고 주 앞에 온전히 변화되는 나로부터의 부흥인 것이다.

"곧 손이 깨끗하며 마음이 청결하며 뜻을 허탄한 데에 두지 아니하며 거짓 맹세하지 아니하는 자로다 그는 여호와께 복을 받고 구원의 하나님께 의를 얻으리니 이는 여호와를 찾는 족속이요 야곱의 하나님의 얼굴을 구하는 자로다(셀라)"

시 24:4-6

복음화를 위해 연합하라, 마닐라국제선교대회

마닐라국제선교대회를 개최하면서 아시아 지역의 선교 협력을 도모하시는 하나님의 놀라운 섭리를 느낄 수 있었다.

2010년 8월 17일부터 4일간 우리 교회에서 열린 마닐라국제선교대회Manila International Mission Conference는 수많은 재정적, 시간적 장애물들을 뚫고 달려가도록 하나님이 역사하신 대회였다. 불과 6주라는 짧은 시간 동안 필리핀복음주의협의회와 한알의밀알교회, 엘리야국제세계선교대학원이 함께 협력한 이번 대회는 세계 9개국에서 80여 개의 선교 단체와 265명의 선교 대표들이 참석했다.

앤더슨Mark Anderson 박사를 비롯하여 주 강사 10명과 코리Corrie DeBoer

박사를 비롯한 여러 워크숍 강사, 그리고 각국 대표들의 선교 보고들은 대회를 더욱 값지게 만들어 주었다. 또한 찬양은 LA의 류용덕 목사님과 13명의 찬양팀이 오셔서 섬겨 주셨다.

'아시아 지역의 선교 현황과 아시아 지역 특히 불교권, 이슬람권, 힌두권 그리고 유대인 선교를 위한 다각적 모색'과 '새로운 도전에 직면한 아시아 교회의 효과적 응전' 등을 주제로 아시아 교회들이 나아갈 방향을 짚어 보았으며 이 과정에서 아시아 지역의 선교 협력을 도모하시는 하나님의 놀라운 섭리를 느낄 수 있었다.

특히 건물에 전력 공급이 원활하지 않아 정전이 된 적도 있었는데, 모두 침착하게 건물 앞마당으로 나가서 급히 구입한 초로 '촛불 예배'를 드린 일은 모두에게 색다른 추억거리가 되었다.

매일 저녁 집회는 남편이 직접 인도했는데, 앉을 자리가 없을 정도로 1,000여 명이 꽉 차 하나님의 깊은 은혜를 받았다. 대회 마지막 날인 20일에는 한알의밀알교회의 18주년 창립 기념 예배와 기도원 기공식 예배를 드렸다. 이날 필리핀 사모합창단의 아름다운 합창과 우리 교회 주일학교의 모던 댄스, 탬버린 댄스, 교회 역사 드라마와 태권도 특송 등이 축하의 자리를 빛내 주었다.

그리고 2010년 12월 초, 우리 교회 본당 건물 오른쪽에 5층짜리 기도원을 짓기 시작했다. 오로지 주님의 명령에 순종하여 또다시 무일

푼으로 건축에 들어간 것이다. 5,000여 명이 들어갈 수 있는 규모의 기도원으로 크고 작은 예배실과 기도실을 갖춘 기도원은 기도 소리가 24시간 끊이지 않는 기도의 동산이며 아시아 선교의 중심이 될 것이다. 주차장이 없어서 고민하던 차에 하나님께서 왼쪽에 1만 m^2 3,000여 평의 부지를 허락해 주셨다. 앞으로도 선교 병원과 방송 스튜디오, 양로원, 보육원, 문서 선교를 위한 출판사와 도서관 등을 건립할 계획이다.

 2011년 여름성경학교 때는 1,700여 명의 어린이들이 참석했는데 간식이 부족해서 한바탕 소동이 벌어지기도 했다. 그런데 교회 차량으로 무사히 집 근처에서 내렸던 여섯 살 여자아이가 길을 건너다 트라이시클에 치여 공중으로 떴다가 바닥에 떨어지는 사고가 일어났다. 성도들의 간절한 금식기도 덕분일까? 예전에 사다리에서 떨어진 남편에게 임한 천사의 손이 이 소녀에게도 임해 약간의 타박상만 입었을 뿐 다음날도 멀쩡하게 교회에 나왔다. 온몸이 붕 떠서 콘크리트 바닥에 떨어졌으니 하마터면 끔찍한 사고로 이어질 뻔했다. 하나님의 보호하심에 우리 교회 성도들은 크게 기뻐하며 영광을 올려 드렸다.

 2011년 1월 새해부터 성도들은 자발적으로 적게는 3일, 많게는 15일, 21일까지 금식기도를 했다. 필리핀의 참 부흥과 아시아와 월드 미션 그리고 우리 교회의 기도원 건립과 각 기관의 부흥을 위해 기도한

바토바토의 빈민가에서 시작한 한알의밀알교회는 믿음의 세대로 이어져 부흥 성장하고 있다.

것이다. 한 달이 멀다하고 온 성도들이 금식과 여리고행진을 했다. 우리 교회 성도들은 부흥은 기도의 힘이라는 사실을 체험을 통해 믿기에 거의 1년 내내 이어지는 금식기도와 여리고행진을 감당하고 있다.

2011년 7월에 횃불트리니티 신학대학원 대성전에서 '2011년 한민족 재외 동포 세계 선교대회'가 개최됐다. 온누리교회 하용조 목사님과 여의도순복음교회의 조용기 목사님, 지구촌교회의 이동원 목사님 등과 함께 남편도 설교자로 나섰다. CTS와 극동방송, CGNTV 등이 생방송으로 방영한 이 대회에서 대회장인 이형자 권사님에게 하나님의 음성이 임했다.

"너희는 위로하라 내 백성을 위로하라" 사 40:1

하나님은 이 말씀을 주시면서 다음의 세 가지를 명령하셨다.

첫째, 해외 동포와 국내 연고지가 없는 동포들을 초청하여 자매결연을 맺어 주고 그들을 위로하라.

둘째, 선교지에서 태어나 그곳의 언어가 능통하고 문화와 풍습과 습관에도 이미 익숙하여 현지 선교에 아무런 제약이 없는 한인 디아스포라 2세와 3세, 4세를 불러 훈련시키고 그들로 하여금 현지의 선교사로 삼으라.

셋째, 한민족의 자긍심을 심어 주어 민족의 정체성을 깨워 주라. 이것이 반복되면 너희 민족이 튼튼해지고 해외 동포들도 너희 민족을 사랑하게 될 것이다.

맞는 말씀이다. 이제 차세대 세계 선교를 주도할 사람은 하나님이 준비시킨 한민족 디아스포라들이다. 내가 듣기로 현재 700여 만 명의 디아스포라들이 175개국에 흩어져 살고 있다고 한다. 이제 마지막 남은 미전도 종족 지역의 선교는 디아스포라들을 통한 합법적인 선교가 아니고서는 불가능한 상황에 이르고 있다. 이들을 전 지구적으로 네트워크화하면 전 세계에 국경의 제한 없이 '선교의 연합'을 이룩할 수 있다.

한민족 디아스포라들이 가장 중요한 나라에서 가장 중요한 위치에서 세계 선교를 마무리할 수 있기를 선교사의 한 사람으로서 소망한다.

2011년 8월 제2차 마닐라국제선교대회가 2010년에 이어 우리 교회에서 개최되었다. 주님께서 주신 지상명령인 복음 전파를 땅끝까지 완수하기 위해 교회들에게 주신 과제는 서로 협력하여 '선교의 사명'을 감당하는 것이다. 하나님은 이를 위해 국제선교대회를 개최하도록 하셨다.

하나님께서 거지 선교사 가정을 통해 무에서 유를 창조하듯 작은 바토바토 마을에 큰 기적을 일으키셨다. 우리 부부가 20년 동안 기도하던 것이 이제 때가 되어 아시아 대륙을 깨우고 아시아 각국의 교회 지도자들이 주님이 주신 지상명령, 즉 땅끝까지 이르러 복음을 전하는 일에 뜻을 모으고 힘을 모으게 된 것이다.

필리핀의 선교대학원은 영어로 진행되는 국제신학대학원이기에 대부분은 비한국인으로 이루어진다. 현명하게 미국, 영국, 싱가포르와 동남아와 동아시아 등에서 온 소중한 분들이 교수진과 이사진 멤버가 되어 아시아와 세계를 깨우는 데 함께 기도해 주길 바란다. 현재 학교에 필요한 인적 구성으로서 교무행정, 학생행정, 등록 및 비즈니스와 서점, 식당 관리 등을 준비하고 있다.

전 세계 인구의 60%가 살고 있고 미전도 종족과 미대상 종족의 대부분이 몰려 있으며, 이슬람교와 힌두교, 불교가 가장 위세를 떨치는 곳이 바로 아시아다. 이 거대한 아시아 대륙에서 개신교 인구는 전체 인구의 2.8% 정도에 불과하다. 이렇게 열악한 상황에서 아시아의 교회는 복음화를 위해 연합하여 선교해야 하며 지도자들을 훈련해야 한다.

이 같은 인식을 배경으로 개최된 제2차 마닐라국제선교대회는 세계 17개국에서 540여 명이 참석했으며, '아시아 상황에 맞는 선교적 교회와 지도자들을 동원하자'는 주제로 '선교'에 대한 바른 인식과 도전을 주었다.

커크Andrew Kirk 박사는 지구촌 교회의 선교 동향에 대해, 존 랑킨John Rankin 박사는 이 시대를 변화시키기 위한 성경적 초석이 되는 창세기의 세계관을, 티라Joy Tira 박사는 디아스포라를 사용하는 선교적 명제에 대하여, 모세스Benjamin Moses 박사는 시장에서 가능한 선교적 교회와 지도자 동원에 대해 주제 발표를 했다. 이들의 수준 높고 심도 있는 강의는 선교와 교회 사역의 안목과 역사관, 그리고 기독교 세계관에 큰 도전을 주었다.

워크숍 또한 필리핀 선교 동원과 도시 사역, 아프가니스탄 사역을 통해 본 통합 선교 등 주 강의 못지않게 심도 깊은 주제를 다뤘다.

이번 선교대회를 기점으로 아시아 각국 선교의 협력과 동참을 독려하고 각국이 효과적인 선교를 감당하기 위해 아시아 각국의 선교 전략가와 학자들로 구성된 운영위원회를 결성하여 향후 진행되는 모든 대회를 입안하고 협력하기로 했다. 또한 마닐라국제연구소를 결성해 학술지와 논문집, 책자, 영상, 자료들을 발간하는 한편, 선교대회와 신학 연구 그리고 '국제심포지엄'을 효과적으로 계획하고 논의하여 개최하기로 했다.

이번 선교대회를 위해 한알의밀알교회 성도들은 100일 동안 아침 금식기도를 했고, 남녀 선교회는 페인트칠과 장비 구입, 청소, 간식과 음식에 이르기까지 2개월여에 걸쳐 준비했다. 필리핀복음주의협의회의 스태프들도 참으로 헌신적으로 봉사해 주었다.

"오라 우리가 여호와께로 돌아가자 여호와께서 우리를 찢으셨으나 도로 낫게 하실 것이요 우리를 치셨으나 싸매어 주실 것임이라 여호와께서 이틀 후에 우리를 살리시며 셋째 날에 우리를 일으키시리니 우리가 그의 앞에서 살리라 그러므로 우리가 여호와를 알자 힘써 여호와를 알자 그의 나타나심은 새벽 빛 같이 어김없나니 비와 같이, 땅을 적시는 늦은 비와 같이 우리에게 임하시리라 하니라" 호 6:1-3

천국 열쇠의
비밀

완성된 엘리야국제선교대학원.
나는 '천국 열쇠'의 기적을 체험하며 산다.

    한국에서의 목회 6년 그리고 필리핀에서의 사역 20년을 더하니 벌써 목회 사역을 한 지 26년이라는 세월을 훌쩍 넘기게 되었다. 지난 사역과 삶을 돌아보니 몇 가지로 정리되는 부분이 있다. 그것은 오로지 순교자의 심령으로 복음을 증거하라는 주님의 명령에 순종하여 오직 한 길만을 달려왔다는 것이다. 순종함으로 기도하고, 기도함으로 하나님의 말씀에 의지하여 복음 전도에 진력하였다.

    남편과 딸과 떨어져 지낸 지도 이제 11년. 여자의 몸으로 필리핀 사역을 감당하고 있는 나에게 사람들은 이렇게 말한다.

"선교사님은 여장부세요."

"이렇게 놀라운 사역을 남자도 아닌 여자의 몸으로 행하십니까? 참으로 대단합니다."

더러는 시기하는 분들도 있었지만 많은 분들이 오직 순교자의 심정으로 순종과 결단 그리고 기도로 사역을 감당하는 나를 통해 하나님이 함께하심을 느낀다고 입을 모은다. 나약한 한 인간으로, 샬람이와 사무엘의 엄마로, 한 남편의 아내로서의 김은주가 아닌, 십자가의 복음을 증거하는 선교사로서의 삶은 사실 간단치가 않다. 매일매일 피를 말리는 듯한 긴장과 생명을 건 전력질주가 아니고서는 감내할 수 없는 삶이다.

"도가니는 은을, 풀무는 금을 연단하거니와 여호와는 마음을 연단하시느니라" 잠 17:3

하나님은 나를 연단하고자 작정하시고 그 많은 고난과 시련을 주셨다. 나를 깨뜨리시고 다듬으셔서 100% 순종하는 종으로 만들어 주셨다. 무엇보다 예수를 안 믿는 숱한 영혼들이 주께로 돌아오게 하심을 심령 깊은 곳에서부터 갈망하게 하셨다.

20년 동안 선교사역을 감당하면서 아직도 잊혀지지 않는 사건이 있다. 70세부터 90세까지의 은퇴 목사님 부부들이 우리 교회에 왔을 때였다. 우리 교회가 하나님의 은혜 가운데 성장하다 보니 감리교, 장로교, 침례교, 순복음, 성결교 분들이 찾아오는 등 초교파적인 선교 여행지가 되었다. 신기하게도 우리 교회를 방문하는 분들마다 하나같이 똑같은 질문을 한다.

"어떻게 한국 땅도 아닌 필리핀에서 이렇게 큰 부흥의 역사를 이루었습니까?"

"어떻게 여성으로서 이런 놀라운 사역을 하십니까?"

그러면 나는 늘 똑같은 대답을 한다. 첫째도 기도와 금식, 둘째도 기도와 금식이며 셋째도 기도와 금식이라고.

그런데 은퇴 목사님 부부들이 왔을 때, 나는 그 수많은 방문자들에게는 하지 않던 '천국 열쇠의 비밀'을 털어놓았다. 우리 교회 대성전과 체육관, 학교 등을 돌아본 뒤 가장 연세가 많으신 목사님이 내게 하나님께 쓰임 받는 종이라며 축복기도를 해주셨다. 기도를 받으며 나는 다시 '천국 열쇠'를 환상 중에 보았다. 온통 금으로 된 빛의 '천국 열쇠'였다. 물론 예수 그리스도를 구주로 고백하는 베드로의 신앙고백을 상징적으로 보여 주신 것이었다.

어르신들이 떠나시기 전 나는 몇 분께 '천국 열쇠'에 대해 말씀드렸다. 마태복음 16장 13-20절에 정답이 있다.

"예수께서 빌립보 가이사랴 지방에 이르러 제자들에게 물어 이르시되 사람들이 인자를 누구라 하느냐 이르되 더러는 세례 요한, 더러는 엘리야, 어떤 이는 예레미야나 선지자 중의 하나라 하나이다 이르시되 너희는 나를 누구라 하느냐 시몬 베드로가 대답하여 이르되 주는 그리스도시요 살아 계신 하나님의 아들이시니이다 예수께서 대답하여 이르시되 바요나 시몬아 네가 복이 있도다 이를 네게 알게 한 이는 혈육이 아니요 하늘에 계신 내 아버지시니라 또 내가 네게 이르노니 너는 베드로라 내가 이 반석 위에 내 교회를 세우리니 음부의 권세가 이기지 못하리라 내가 천국 열쇠를 네게 주리니 네가 땅에서 무엇이든지 매면 하늘에서도 매일 것이요 네가 땅에서 무엇이든지 풀면 하늘에서도 풀리리라 하시고 이에 제자들에게 경고하사 자기가 그리스도인 것을 아무에게도 이르지 말라 하시니라."

우리는 베드로처럼 영적 고백을 드려야 한다. "주는 그리스도시요 살아 계신 하나님의 아들이시니이다"라는 고백으로 베드로는 엄청난 복을 받았다. 예수님에게서 직접 '천국 열쇠'를 받은 것이다. 베드로가 땅에서 매면 하늘에서도 매일 것이요, 베드로가 땅에서 무엇이든지 풀면 하늘에서도 풀리는 '천국 열쇠'를 소유하게 된 것이다.

돌이켜 보니 지난날의 모든 사역은 오직 믿음으로 주님의 약속을 믿고 한 길만을 달려왔기에 가능했다. 필리핀 사역의 엄청난 열매들은 결코 사람이 이룬 것이 아니다. 오직 믿음으로 주님의 인도하심을 따라 순종한 결과로 행하신 주님의 역사였다. 거기에는 끊임없는 금식기도와 새벽기도, 매일 저녁기도회, 밤이나 낮이나 늘 주님 앞에 부르짖는 성도들의 기도가 있었다.

나는 인간의 생각으로 이해되지 않아도 무조건 순종하였고, 때론 가고 싶지 않아도 주님의 인도하심이 있었기에 눈물을 흘리며 가시밭길을 순종함으로 걸어 왔다. 그때마다 내게 힘을 준 말씀은 베드로가 예수님께 드린 믿음의 고백이었다.

"주는 그리스도시요 살아 계신 하나님의 아들이시니이다"
마 16:16

성전 건축이든, 제자 훈련이든, 선교사역이든 모든 열매는 예수 그리스도를 믿는 고백을 선포하며 이 땅에서 순종하며 나아갈 때 하나님의 역사하심으로 일어난다. 하늘에서 그저 떨어지는 것이 아닌 것이다.

물질이 전혀 없음에도 믿음으로 순종하여 성전 건축을 위한 부지를 계약했을 때에도 주님의 기적이 뒤따랐다. 체육관과 선교대학원을 건립할 때도 금식기도하며 믿음으로 나아가자 주님의 기적의 역사가 있었다.

1,000만 원 이상을 만져 본 적 없던 내가 '천국 열쇠'로 200억 이상을 만지게 되었고, 황무지와 같던 바토바토 마을이 한국의 분당처럼 신도시로 바뀐 것 역시 '천국 열쇠'의 기적이었다.

그런데 누구나 이런 축복을 받을 수 없다. "땅에서 무엇이든지 매면 하늘에서도 매일 것이요, 땅에서 무엇이든지 풀면 하늘에서도 풀린다"는 말씀을 숙제로 받아 이 글을 읽는 모든 독자가 빨리 풀기를 바란다. 기도와 금식, 성경 66권 전체를 의심하지 않고 100% 믿는 믿음과 믿음의 선포, 그리고 그 다음은 믿음으로 '천국 열쇠'로 여기는 것이다.

할렐루야!

에필로그

나는 행복한
필리피나!

　새벽부터 또다시 이른 새벽까지 이어지는 촌음을 다투는 삶과 사역 그리고 2-3시간 정도 토막잠을 자야 하는 긴박함 속에 살다 보니 20여 년의 사역을 글로 남기는 일이 요원한 것처럼 보였습니다.

　하지만 하나님께서 의외의 방법으로 나의 사역을 정리할 수 있는 기회를 주셨습니다. 필리핀 선교사역 20년 만에 처음으로 2개월가량의 안식월을 갖게 된 것입니다. 적어도 1년 정도는 건강을 위해 휴식을 가지며 몸을 돌봐야 한다는 의사의 고심 어린 충고가 있었음에도 그동안 짬을 내지 못하다가 황송하게도 45일간의 안식월을 갖게 된 것입니다.

　나는 치료를 받는 시간을 쪼개어 지난 20년의 사역과 삶을 정리하는 글을 쓰게 되었습니다. 글을 쓰다가 울고, 울다가 글을 쓰면서 나의 삶과 사역에 역사하신 하나님을 찬양하지 않을 수 없었습니다. 참으로 많은 일들이 있었고, 글로 표현할 수 없는 아픔과 고통 그리고 고난의 시간들도 있었습니다. 하지만 고난 뒤엔 언제나 놀라운 축복이 있었고, 나는 행복하게 사역에 임할 수 있었습니다. 20년의 사역을 돌이켜 보니 이 모든 것이 나를 연단하고자 하시는 하나님의 섭리였음을 깨닫게 됩니다.

금식과 부르짖는 기도가 끊이지 않았고, 매일매일이 살얼음판을 걷는 듯한 위기와 고난이었습니다. 온몸이 수술로 인한 상처투성이가 되어서도 사역에 매진했습니다.

나는 성도들을 나무랄 때는 오금이 저릴 정도로 호되게 호통치지만 안아 주고 위로할 때는 친엄마보다 더한 사랑으로 보듬습니다. 내가 아무리 호되게 야단쳐도 사랑하는 마음을 알기에 다 받아들이는 저들…. 주머니를 탈탈 털어도 땅 한 평 살 돈 없는 가난한 성도들이 자신의 소유를 교회 공동체 안에 내어 놓고 하나님 나라를 위해 헌신했습니다. 또 영양가 없는 빵 한 조각도 아쉽고 소중한 그들이지만 1년 내내 금식을 선포해도 군말 없이 따라왔습니다. 이들이 사랑하는 나의 영적 자녀들입니다. 선교지의 영혼들을 가슴에 품고 목양하다 보니 나의 영혼도, 마음도, 몸도 필리피나 philopena가 되었습니다.

> 무슬림들이 핍박하며 조롱하는 시장에서도,
> 소리쳐 복음을 외쳐대는 성도들

새벽이나 낮이나 밤에도
교회는 저들이 뒹굴고 살아가는 신앙 공동체가 되었고
아이들로부터 노인에 이르기까지
집안의 대소사도
이젠 남의 문제가 아닌
우리 모두의 관심이 되어 버린 것을

이 공동체에서 나의 삶의 자취 묻어나고
나의 청춘도
빛바랜 추억으로
다시 태어난 것을

 나는 수많은 위기를 만날수록 강해져야 했고, 복음을 증거하기 위해서 사사로운 육신의 안락을 도모할 수 없었습니다. 내게 맡기신 양 떼를 돌봄에 있어 변변찮은 옷가지 하나 구입해 본 적도 없습니다.
 성도들은 폭우가 장기간 쏟아지는 긴긴 날들엔 창밖으로 내리꽂는 빗줄

기를 바라보며 하루라도 해뜰 날을 갈망합니다. 그래야 하루라도 일거리를 찾을 수 있고 배고픔을 면할 수 있기 때문입니다. 이런 성도들을 생각하면 내 어찌 일신의 문제를 우선으로 생각할 수 있겠습니까?

공주처럼 자라서 남의 손 잡는 것도 꺼리던 내가 이젠 성도들과 스스럼없이 손을 잡으며 밥을 맛있게 나누어 먹게 되었습니다. 이 또한 선교지가 내게 준 축복입니다.

밤이나 낮이나 일복이 터져 달려가는 나를 보며 남편이 애절하게 간청합니다.

"여보, 제발 조금이라도 쉬면서 하구려."

하지만 일을 다 마치지 않으면 결코 쉬지 않는 내 성격에 다른 일들이 도미노처럼 연 이어져 달려오게 된 것입니다.

주께서 주신 명령을 따라 오직 한 길을 달리다 문득 필리핀의 영혼뿐 아니라 한국과 세계에 흩어진 사람들에게도 내가 살아온 삶의 한 자락이라도 나눔이 그들에게 주는 따뜻한 손길이 될 것 같아 붓을 든 것이 어느새 마무리하기에 이르렀습니다.

나는 헨델의 작품 오라토리오 〈메시아〉에서 "너희는 위로하라 내 백성을 위로하라"로 시작되는 이 곡을 참 좋아합니다. 혹 20년 선교 사역 중 나의 잘못된 실수나 죄로 말미암아 단 한 사람이라도 위로받지 못하고 도리어 상처받은 영혼이 있다면 "나를 용서하소서!"라고 고백하고 싶습니다.

이제 마지막 붓을 마침에 앞서 어제나 오늘이나 언제나 동일하신 하나님의 기적의 역사가 독자 여러분 모두에게 임하시기를 기도하며 끝으로 외쳐 봅니다.

나 _____은(는) '천국 열쇠'를 소유한
주의 백성입니다. 아멘!

사랑하는 자여
네 영혼이 잘됨같이
네가 범사에
잘되고 강건하기를
내가 간구하노라

요한삼서 1장 2절